NO
DESPRECIES
LOS
pequeños
COMIENZOS

NO
DESPRECIES
LOS
pequeños
COMIENZOS

LINDA DEMJEN

No desprecies los pequeños comienzos
©2024 Por Linda Demjen

ISBN 979-8-9893299-2-2 (tapa dura)
ISBN 979-8-9893299-3-9 (Kindle e-book)

Publicado por Linda Demjen/A Cup of Cold Water Ministries, Inc.

Diseño de portada y formato interior: Crystal L. Barnes, Better Way Publishing LLC

Traducción al español por Florencia Cleburn a través de Better Way Publishing LLC

dedicación

Me gustaría dedicar este libro a mis padres por los muchos años que me aguantaron y por todo su arduo trabajo para criarnos con la esperanza de que tomáramos el camino correcto. Estoy muy agradecida de que mi papá y yo tuvimos una excelente relación en sus últimos días, antes de que él nos dejara en 2018, y que mi mamá todavía está con nosotros y hemos podido compartir muchos días y años maravillosos juntos. Los amo mamá y papá, más de lo que jamás sabrán.

A mis hermanos Danny, Donna, Patti y Susan por todos los momentos maravillosos que hemos pasado juntos, buenos y malos. Es una bendición que todavía podamos amarnos a pesar de nuestra locura. Gracias por estar ahí para mí y para mis hijos en momentos muy difíciles. Los amo a todos con todo mi corazón.

Especialmente a mi esposo Igor, que ha montado las olas de adversidad, pruebas, y alegrías y tristezas a mi lado desde 1992. Gracias por apoyarme siempre en todo lo que el Señor me ha llamado a hacer. Sé que no siempre ha sido fácil. Eres el mejor, y mi amor sigue creciendo por ti día a día, año a año.

Y a mis increíbles hijos, Billye y Michael, que han hecho de mi vida lo mejor posible. Su amor y apoyo han sido lo mejor que podría desear. Me siento realmente bendecida de tenerlos como mis hijos y de tener los increíbles nietos que me dieron: Theo, Ben y Ezra; También a mi hijastro James y sus dos increíbles hijos Aiden y Kyle. Dios me da exactamente lo que necesito en todos ustedes. Los amo hasta la luna ida y vuelta.

Ante todo, dedico este libro a mi Señor y Salvador Jesucristo. Sin Él, no podría haber hecho nada de lo que he logrado hasta ahora y lo que lograré en el resto de mi vida. Este libro es Tu libro sobre mí y espero que escribas mi historia hasta el final.

contenido

introducción

Se dice que en los primeros seis años de tu vida estás formando quién serás, pero creo que Dios puede cambiar a cualquiera y reparar cualquier cosa que esté mal en nuestro comienzo. Soy una chica de Kansas, nacida en una familia de clase media en el año 1948. Desde el principio, mi padre y mi madre fueron dueños de negocios que trabajaron duro hasta que se abrieron camino solos, lejos de sus padres y de su ciudad natal, y papá se convirtió en obrero en la construcción y luego trabajó en los campos petroleros de Kansas. Recuerdo que trabajaba largas horas casi seis o siete días a la semana. Era un padre que sentía que cuando mantenía a su familia, había hecho todo lo posible. En sus últimos años, lo que más extrañaba era su trabajo. Le encantaba estar ocupado y trabajar con las manos. Fue un maestro artesano y constructor. Hiciera lo que hiciera, lo hacía bien. Supongo que ahí es donde obtuve mi talento artístico y mi perfeccionismo. Siempre he anhelado una relación cercana con mi padre, pero no pareció suceder hasta los últimos veinte años de su vida. Sus largas horas de trabajo y mucha socialización después del trabajo en el bar local o con sus amigos nos robaron el tiempo juntos. En consecuencia, crecí sin tener una relación cercana con él. Sufría por eso, porque siempre estaba buscando una relación paterna en otras relaciones con hombres que no eran generalmente saludables. No culpando a mi padre, pero consciente de que en esos años informativos una relación paterna es muy importante para formar quiénes seremos como adultos.

Mi madre trabajó fuera de la casa o en sus empresas conjuntas desde el momento de mi nacimiento. Ambos nacieron de un fuerte linaje alemán; gente trabajadora y honesta. Mamá pudo hacer casi cualquier cosa para ayudar a nuestra familia a sobrevivir. Cocinar para cinco niños día tras día era una gran tarea, sin mencionar la limpieza, las compras, la escuela, los deportes, las clases religiosas y cualquier otra necesidad para criar a los niños. Era increíble cómo podía hacer que un pollo alimentara siete bocas. Qué milagrosa era. Ella y papá comían el lomo, las alas, las mollejas y el hígado, mientras nosotros cinco peleábamos por las piernas y un pecho que había cortado en cuatro pedazos. Mientras papá cazaba, pescaba, descuartizaba y cultivaba el jardín, ella recogía, limpiaba, enlataba, procesaba, empaquetaba y congelaba verduras y nos mantenía muy bien. Nuestro ritual del sábado por la noche consistía en lustrar los zapatos, bañarnos y prepararnos para ir a la iglesia al día siguiente. No éramos ricos, pero nunca nos quedábamos sin comer. A veces era cerdo con frijoles o jamón y frijoles, con una bola de masa alemana frita, que me encantaba y que hoy hago de vez en cuando. No sabíamos que nos faltaba de ninguna manera.

Mi mamá también era una mujer de muchos talentos. Podía reparar electrodomésticos, pintar, coser, diseñar ropa y aun así mantenerse al día con nosotros cinco, aunque papá no estuviera presente. Ella hacía todo el lavado con una vieja lavadora escurridora, pavonado para las prendas blancas en la estufa y una olla grande de almidón hirviendo para mojarlas.

El lunes era el día de lavado, el martes era el día de planchado, y yo, siendo la mayor, rápidamente fui incorporada al programa ayudando a pasar la ropa por el escurridor, colgarla para que se seque, espolvorearla y prepararla para planchar. Todavía recuerdo el día en que mis dedos empezaron a pasar por el escurridor eléctrico. ¡Esa fue una llamada de atención! Esos eran los buenos viejos tiempos, ¿verdad?

Aprendí muchas habilidades de supervivencia de mis padres. Sobre todo, preocuparme por los demás, darlo todo en todo lo que hago, tener una buena ética de trabajo y ser honesta. Todas estas cosas han sido una ventaja para mí, ya que he pasado por muchas pruebas en mi vida que requerían que fuera mamá y papá para mis hijos. Después de matrimonios fallidos, ser dueña de un negocio, ser fundadora y presidente de una organización sin fines de lucro y ministeriar para los pobres y necesitados del mundo, supe que Dios me estaba cuidando y podía cuidar de mí y de mi familia. El lugar donde comenzamos a menudo nos prepara para el destino al que Dios nos llama.

Estoy agradecida por mis pequeños comienzos y porque mi familia todavía está fuerte y unida, a pesar de que tuvimos algunas dificultades. Comparto todo esto para darte un telón de fondo de un pequeño pedazo de la historia de mi vida y para inspirarte a no despreciar tus pequeños comienzos. Lo que comienza siendo escaso e insignificante puede convertirse en algo asombroso para el reino de Dios cuando dejamos que Dios tenga las riendas de nuestra vida. Espero que mi historia pueda inspirarte a no rendirte y a verte como un hijo o hija amado de Dios que ha sido creado para Su propósito y gloria.

Dios verdaderamente hace belleza de las cenizas. Estaba

perdida, esclava del pecado, engañada en mi mente, viviendo una mentira, mintiendo, mentida, despreciada, odiada, engañada, abusada, desechada, sin hogar, rechazada; sin embargo, el Señor Jesús me levantó y cambió mi vida, puso mis pies en tierra firme e hizo algo hermoso de todo ello. Como dice el viejo refrán, lo que cuenta no es cómo empiezas, sino cómo terminas. Deseo terminar bien por la gracia de Dios y escuchar al Señor decir: "Bien hecho, mi buen y fiel sirviente", cuando me llame a casa.

¡Nunca pares, sigue adelante!

—Linda

EL TIEMPO DE DIOS ES PERFECTO

"El Señor Dios Todopoderoso tiene Su mano sobre ti."

Estas son las palabras que vi escritas en la pared, desde el techo hasta el suelo, en mi sueño. No hay mayor seguridad que saber que Dios no me ha olvidado, y Su mano está sobre mí. ¿No quieren todos saber que esto es una promesa de Él? Hebreos 13:5 nos dice que Dios Padre, nuestro Creador, nunca nos deja ni nos abandona.

"Siempre te sostendré con mi justiciera mano derecha"
(Isaías 41:10b RVC).

El 23 de agosto de 2008 me había quedado dormida por la tarde, sin esperar que el Señor me regalaría un sueño tan profundo. En el sueño me vi entrando a una casa; una casa normal y corriente hecha de madera, con suelos de madera. Después de entrar a la casa, me encontré en un pasillo y cuando miré a mi izquierda vi a mi esposo, Igor, parado en una puerta. Sentí que era mi casa. Luego miré a la derecha y vi a mi difunta abuela, Julia, caminando hacia mí. Me

1

sorprendió mucho verla. Se parecía exactamente a la abuela que tanto amaba desde mi infancia. Ella sonrió cuando me vio y luego me abrazó con tanta fuerza que apenas podía levantarme. Sentí un amor tan profundo por parte de ella; el mismo amor que he experimentado del Señor en tiempos pasados.

Mientras estábamos en este maravilloso abrazo, nos balanceábamos hacia adelante y hacia atrás en el pasillo. Estaba luchando por encontrar el equilibrio, así que fijé mis ojos de inmediato en las paredes del pasillo y noté que estaban cubiertas de escrituras tenues. Las palabras no estaban claras hasta que examiné lo que parecía el final de una larga columna de oraciones. Entonces vi claramente las palabras, *"El Señor Dios Todopoderoso tiene su mano sobre ti."* Mientras movía mis ojos hacia la pared, pude ver que estas palabras se repetían una y otra vez. Lloré cuando sentí que el amor de Dios me envolvía en medio del abrazo de mi abuela. No hay amor más grande que el amor del Señor Dios Todopoderoso por Sus hijos. Él dio a Su único Hijo como sacrificio por nosotros, y Su amor ha sido probado como podemos leer en Juan 3:16. Cuando nos convertimos en hijos de Dios por la fe en Jesús, tenemos acceso a Su amor continuamente. La Palabra nos muestra esto en Juan 2:12.

Una manera de conocer el amor de Dios por nosotros es mediante la forma en que Él obra en y a través de nuestras vidas. Todo lo que Dios hace es en Su tiempo perfecto. Él me dio el sueño ese día, a esa misma hora, porque sabía que una amiga me llamaría y estaría luchando por saber que Dios la amaba. Sólo treinta minutos después de despertar de ese sueño, ella me llamó y estaba muy angustiada. Ella estaba en una lucha tremenda en su vida, preguntándose si Dios se había rendido con ella y no la amaba.

Hablamos y el Espíritu Santo me impulsó a compartir mi sueño con ella. Ella rompió a llorar con total comprensión de que Él la amaba tanto. Me dio este sueño para que ella pudiera llamarme exactamente cuándo necesitaba escuchar que Dios la amaba.

El Señor no duerme (Sal. 121:4). Él conoce cada lucha por la que pasamos y exactamente lo que necesitamos en cada momento de nuestra existencia. Este pequeño incidente marcó una gran diferencia en la vida de mi amiga porque en ese momento ella sintió la tranquilidad del amor de Dios por ella. Dios no quiere que ninguno de nosotros dude jamás de su amor por nosotros, por eso envió a su Hijo unigénito, Jesucristo, para asegurarnos a todos su magnífico amor por nosotros.

Ninguno de nosotros debería dudar jamás de que nuestro Padre Dios nos ama. Juan 15:13 nos dice que nadie tiene mayor amor [nadie ha mostrado un afecto más fuerte] que el de dar [entregar] su propia vida por sus amigos. Esto es lo que Jesús hizo por toda la humanidad. Si no sabes cuánto te ama Dios, debes darte cuenta ahora. La cruz es el símbolo más profundo de Su amor alguna vez dado a la humanidad.

Dios me recordó esto un sábado por la mañana en nuestra sala de oración. Estábamos sumergidos en la presencia de Dios, como nos encanta hacer, cuando recibí una visión de la cruz en una colina. Jesús no estaba en él, pero una gran luz brillante brotó de él en todas direcciones, y el Señor habló a mi corazón: "Mi pueblo no sabe lo que hice por ellos en la cruz". Me hizo darme cuenta de que muchos cristianos no viven realmente comprendiendo cuánto los ama Dios. Podemos saber lo que Dios hizo por nosotros, pero ¿realmente sabemos o entendemos el significado de lo que Él hizo en esa cruz por nosotros?

Saber en Griego se dice *ginosko*, que significa el reconocimiento de la verdad por la experiencia personal. En hebreo es yada, que significa percibir o conocer. Cuando experimentamos el amor de Dios a través de una experiencia de vida, tal como lo hizo mi amiga, podemos verdaderamente saber y comprender que Él nos ama tanto que dio Su vida por nosotros. Este ha sido el proceso de mi vida desde que recibí a Jesús como mi Señor y Salvador en 1991. Este es el amor de Dios, como Jesús demostró, cuando Él fue a la cruz y puso Su vida por toda la humanidad. Él llamó a sus seguidores amigos. Él quiere una relación íntima con todos Sus hijos.

Dios manifiesta su amor de muchas maneras en nuestras vidas; a veces ni siquiera somos conscientes de ello. En este libro, me gustaría compartir algunas de las maneras en que Dios ha manifestado Su amor en mi vida, y tal vez puedas comenzar a ver cuánto te ama Dios al mirar tu propia vida mientras pinto un pequeño retrato de mi pequeña comienzos con el Señor que me llevaron hasta donde estoy hoy. Anímate. ¡Aún no ha terminado contigo!

-2-
TU AHORA NO ES TU FINAL

"Porque los que menospreciaron el día de las
pequeñeces"
(Zacarías 4:10a).

Como dije antes, el tiempo de Dios es primordial. Él sabe el tiempo preciso que necesita para pasar por una prueba y el tiempo preciso en el que se completa. Aunque sabemos que no hay tiempo en el Cielo, Dios habla mucho en Su Palabra sobre el tiempo. La palabra tiempo se usa en 563 versículos de la Biblia. A Dios le tomó siete días crear los cielos y la tierra y todas las cosas que hay en ellos, incluidos el primer hombre y la primera mujer. Él creó el día y la noche, el tiempo de los universos y cómo funcionan, las estrellas, el sol y la luna y su salida y puesta, las mareas en el océano, los cambios de estaciones, el tiempo de cada movimiento de la tierra y todo lo que hay en él. He oído decir que Dios ha asignado ángeles para mantener los planetas en órbita. Un segundo de cambio de rumbo podría destruirlo todo.

En el libro de Génesis, los dos primeros capítulos nos dicen el número de días que le tomó a Dios crear todo lo que hay en los cielos y la tierra. Si el tiempo fuera lo suficientemente importante como para que Dios mencionara la cantidad de días que le tomó crear todo, ¿por qué no seguiría siendo una parte importante de nuestra existencia? Nuestras propias vidas giran alrededor del reloj; todos vivimos en un horario, incluso hasta nuestra propia muerte. Dormimos cuando el sol se pone y nos levantamos cuando se levanta si nuestro reloj interno funciona correctamente. Dios creó el día y la noche; Él sabía que necesitábamos trabajar y descansar como lo hizo en el séptimo día de la creación (Génesis 2:1, 2). Dios creó el tiempo y tenía una excelente razón para ello. El tiempo nunca debería convertirse en un problema más para nosotros. Debemos ser buenos administradores del tiempo y darnos cuenta de que, si algo no sale como pensamos que debería y cuando debería, quizás sin saberlo nos hayamos salido del plan de Dios. Su sincronización es siempre perfecta. El tiempo de Dios difiere mucho del tiempo que vivimos. Las Escrituras nos dicen que para Dios un día es como mil años y mil años como un día (2 Pedro 3:8). Gloria a Dios porque en el cielo no hay tiempo, pero mientras estamos aquí Dios lo usa para nuestro bien.

Como he aprendido en mi vida, Dios estuvo en ella todo el tiempo; simplemente me tomó algo de tiempo descubrir lo que estaba haciendo. Tal vez tengas una pequeña idea de lo que Dios te ha llamado a hacer en tu vida, pero aún no lo sabes con certeza o no lo sabes en absoluto. Puedo decirte que todo está justo a tiempo... tal como está. Incluso cuando vamos por el camino equivocado y nos desviamos, Dios todavía está ahí, todavía está trabajando, Él te guiará hacia el camino correcto si simplemente lo miras a Él y no a tus circunstancias.

Tu *ahora* no es tu *fin*; no es tu final. El Espíritu Santo me recuerda esto a menudo, porque la vida puede volverse muy distraída y difícil con tantas pruebas y dificultades. A veces no podemos hacer nada más que pedirle ayuda, como hice yo cuando lo conocí por primera vez.

-3-
ES HORA DE ENCONTRAR A JESÚS

Salmos 23:4 (RVR1960) lo dice muy bien:

"Aunque ande en valle de sombra de muerte,
No temeré mal alguno, porque tú estarás conmigo;
Tu vara y tu cayado me infundirán aliento."

Caminamos a través del valle de la sombra de la muerte; no permanecemos en el centro de la misma. Es solo una sombra que viene y va, con el sol saliendo y poniéndose. La verdad es que mientras caminamos por ella, el Señor Dios Todopoderoso tiene Su mano sobre nosotros. Por lo tanto, no tenemos nada que temer; ni la muerte, ni el dolor, ni la enfermedad, ni la pérdida de seres queridos, ni los desastres financieros ni las guerras; ningún mal podrá derribarnos. "En sus manos está la vida de todo ser vivo y el aliento que anima a todo ser humano." (Job 12:10 NVI). Ves, incluso cuando dejamos este cuerpo, todavía vivimos, y si conocemos a Jesús como nuestro Salvador, viviremos con Él en el Cielo eternamente. Entonces, la muerte ha perdido su dominio sobre nosotros y el miedo tampoco tiene cabida en nosotros.

Aquellos que no conocen a Jesús como Señor y Salvador son los únicos que deben temer su futuro eterno. Sólo con Él está seguro.

He pasado por ese valle de sombra de muerte tantas veces, como estoy segura que muchos de ustedes lo han hecho, pero Dios siempre me ha llevado a través de él tal como lo promete a todos Sus hijos. Una de mis experiencias más difíciles tuvo lugar en Europa del Este. Poco después de la caída del comunismo, mi marido Igor tuvo noticias de su madre, que todavía vivía en el antiguo país comunista de Checoslovaquia. Ella le estaba implorando con cartas y llamadas telefónicas que viniera y reclamara la tierra que le fue arrebatada a su abuelo durante el comunismo. El gobierno checoslovaco estaba devolviendo o restituyendo al pueblo todo lo que los rusos le habían robado durante los cuarenta años de ocupación del comunismo. El abuelo de Igor era un terrateniente rico. Como herencia legítima, su madre quería darles a él y a su hermano su parte de la propiedad que les había sido arrebatada. Aunque parecía una gran bendición, no sabíamos que para lograrlo se necesitarían cuatro años y medio de trabajo muy difícil, desalentador y potencialmente mortal de nuestra parte. Era un valle de pruebas y ensayos de nuestra fe que nos cambió y nos preparó para nuestro destino. No teníamos ni idea de hasta qué punto serían las pruebas hasta que nos metimos en la rutina diaria de ir a una oficina tras otra, lidiando con un sistema postcomunista muy roto.

El comunismo cayó en Rusia el fatídico día del 9 de noviembre de 1989, cuando se empezó a derribar el Muro de Berlín Oriental. Tanto los alemanes del Este como los del Oeste comenzaron a correr hacia el otro lado, lo que llevó a derribar ese espantoso muro que simbolizó la opresión durante tantos años. Comenzó un efecto de bola de nieve que provocó la liberación del comunismo en Checoslovaquia, Polonia y Hungría, en todo el bloque del Este. Poco después entramos en este país destrozado.

Permítanme sentar las bases de mi vida y de los acontecimientos que condujeron a nuestra llegada a Checoslovaquia. En el momento en que caía el comunismo, estaba a punto de dar a luz a mi maravilloso hijo, Michael, en Tucson, Arizona, que nació el 19 de diciembre de 1989. Todo esto es muy significativo, porque nuevamente, el tiempo de Dios lo es todo. Él conoce el número de días de nuestras vidas, la hora de cada evento importante en nuestras vidas. No sólo eso, el Espíritu lo interconecta todo, y en el tiempo con el libro que está escrito sobre nosotros en el cielo (Sal. 139:16).

En los pocos años transcurridos entre el nacimiento de mi hijo y la caída del Muro de Berlín, me mudé de Arizona a Nueva York, pensando que era una parada para ir a Alemania Occidental y quedarme con una amiga. Por mucho que lo intenté, nunca pude conseguir el boleto de avión; algo siempre lo bloqueaba. ¿Fue esa la manera en que Dios me detuvo? Mirando hacia atrás, estoy segura de que así fue. A veces simplemente tenemos que admitir que Dios tiene otro plan que era mucho mejor, aunque aún no sea visible para nosotros. En ese momento, no conocía a Jesús como mi Salvador, ni tenía idea de que mi vida estaba en las manos de Dios sin importar dónde estuviera o que tuviera un llamado en mi vida. En Su tiempo y a Su manera, descubriría cuál era ese llamado.

Todo fue una trampa. Un día, cuando estaba en el fondo del pozo como José, el hijo de Jacob (Génesis 37:20-24), entré a una iglesia en Monroe, Nueva York, y me arrodillé. Llamé a Jesús para que me ayudara. Dije sólo cuatro palabras: "¡Por favor Jesús, ayúdame!" Él me respondió de inmediato y escuché su voz suave y apacible en mi oído izquierdo, como si estuviera sentado a mi lado. Estas son las palabras que escuché claramente: "Te has descarriado, ahora has regresado, nunca te dejé. Toma mi mano y te guiaré en todo". Allí estaba Su mano nuevamente. Todo lo que tenía que hacer era agarrarlo y Él me guiaría. No tenía ni idea de quién era realmente Jesús ni de lo que tenía reservado para mí, pero iba a descubrirlo.

Si tan solo miro esa frase que me dijo, puedo predicar un mensaje. Número uno, si llamé a Jesús, entonces debe ser Él quien me estaba hablando. Él sabía todo sobre mí antes de que yo clamara a Él y donde estaba en ese preciso momento. Me dejó claro que Él estaba allí todo el tiempo, y si yo confiara en Él y me entregara plenamente a Él, Él me llevaría por el camino a todo lo que necesitaba en mi vida. Puedo mirar hacia atrás y decir, "¡Wow! El Señor Dios Todopoderoso tiene Su mano sobre mí." Puedo añadir que Él tiene Su mano sobre ti también.

Después de escuchar Su voz, me levanté y salí de la iglesia. Yo era el único ser humano allí, pero obviamente había alguien mucho más grande y omnisciente que yo conmigo. Fui a la parte trasera de la iglesia, tomé un boletín de la iglesia y me lo llevé a casa. Nuestra casa era un estudio con una habitación: baño y pequeña cocina; un colchón en el suelo; una mesa y algunas sillas; un televisor y nuestra ropa. Eso era todo. Las cosas estaban muy mal para nosotros. No podía encontrar un trabajo, y el padre de mi hijo no tenía trabajo y no podía encontrar uno. En consecuencia, no podíamos pagar el alquiler y no teníamos comida en los armarios ni en el refrigerador. Yo estaba viviendo la canción infantil, "Vieja Madre Hubbard, fue al armario, para darle a la pobre perra un hueso; cuando ella llegó allí, el armario estaba desnudo, y así el pobre perro no tenía ninguno." A pesar de que parecía el final en muchos sentidos, en realidad era solo el principio.

Yo estaba en el fondo del pozo de la desesperación y la desesperanza se había establecido, que es donde Dios me permitió llegar a en mi vida a través de malas decisiones, desobediencia, pecaminosidad, y, literalmente, llegar al final de mí misma. ¿Trató Él de impedirme caer tan bajo? Por supuesto, pero mi orgullo y egoísmo no me permitían someterme. Las cosas con las que había llenado mi mente y a las que me había expuesto a lo largo de la vida estaban dirigiendo mis elecciones y me llevaron al pozo de la desesperación. Nadie me hizo hacer las cosas que hice, fui totalmente culpable, sin embargo, estaba a punto de hacerme amiga de un Salvador misericordioso y perdonador que tenía un amor por mí que nadie más podría igualar.

Más tarde esa noche miré el boletín de la iglesia que había recogido y encontré un artículo sobre un banco de alimentos, así que llamé al número. Cuando no tienes nada para comer ni dinero, haces lo que tienes que hacer para sobrevivir, especialmente si tienes un niño que cuidar. Tienes que entender que esto fue muy humillante para mí. Nunca había querido pedir ayuda a nadie, ya que siempre podía ayudarme a mí misma, pero ahora había entrado en otro lugar de mi vida que no conocía; quebrantamiento, ruina financiera, ruina de relaciones, ruina emocional; Mi corazón y mi vida necesitaban una revisión completa. Porque Dios me amaba y tenía un gran plan para mi vida, la respuesta había llegado, pero yo no lo sabía todavía.

El hombre del banco de alimentos al otro lado del teléfono se disculpó porque no podía traernos comida de inmediato, pero dijo que podía traernos lo que necesitáramos por la mañana. Mientras me iba a dormir, me preguntaba cómo se desarrollaría todo esto, sin haber estado nunca antes en este lugar. A la mañana siguiente, a las 10 a. m., efectivamente, alguien llamó a la puerta y cuando vi la camioneta retrocediendo hacia nuestra puerta llena de comestibles, me sentí abrumada y no pude evitar derramar algunas lágrimas de gratitud y humildad. Todo el tiempo estaba tratando de sobrevivir un día más y cuidar de mi hijo y de la nada un regalo de Dios llegó a mi puerta.

¡Los milagros ocurren! En menos de veinticuatro horas, nuestros armarios y refrigerador estaban llenos. No más salir temprano en la mañana en la nieve para buscar latas de refresco para entregar en el supermercado por cinco centavos cada una para alimentar a mi hijo. Sí, había sido llevada a sobrevivir de una forma que no esperaba en mi vida. La buena noticia fue que había un banco de alimentos a la vuelta de la esquina en otra iglesia donde podíamos ir a recibir comida cada dos semanas, sin hacer preguntas. Esta experiencia dio a luz compasión en mí por aquellos que tienen hambre y necesitan ayuda. Jesús habló de alimentar a los hambrientos, como si se lo hiciera a Él. Gracias a Dios por las iglesias y los bancos de alimentos que ayudan a la gente en tiempos de necesidad. La Biblia dice que los que hacen esto son los justos, que serán salvos en el juicio final, y los injustos, que no dieron comida a los hambrientos, sufrirán castigo eterno (Mt. 25:31-46). Debemos tener el mismo amor y compasión por los necesitados que Jesús tuvo por nosotros en nuestro estado perdido y pecaminoso, cuando Él murió y sufrió por nosotros en la cruz. Jesús se estaba volviendo real para mí, y comencé a conocer y entender que Él estaba conmigo.

Mirando hacia atrás, ya estaban sucediendo cosas misteriosas en mi vida. Una señal muy significativa del cuidado de Dios por nosotros ocurrió mientras caminaba una fría mañana invernal de Nueva York buscando latas de refresco, empujando a mi hijo en el cochecito. Estaba paseando por un aparcamiento cercano al supermercado, angustiada, desanimada y con frío, con viento del norte soplando y nieve aún en el suelo. Me preguntaba cómo iba a comprar comida para mi hijo ese día, cuando miré a mi izquierda y vi un billete de veinte dólares pegado al banco de nieve. Lo miré un rato y no podía creer que fuera dinero real. Finalmente lo recogí y, efectivamente, ¡era un buen billete americano de veinte dólares! Miré a mi alrededor para ver si alguien lo había dejado caer en el estacionamiento y el viento lo había arrastrado hacia ese banco de nieve, pero era domingo y el estacionamiento estaba totalmente vacío. Entonces se me ocurrió, esto debe ser mío. El Señor Dios Todopoderoso ciertamente tenía su mano sobre mí, aunque yo no tenía ni idea.

Me encontraba a poca distancia del supermercado donde solía ir a vender latas de refresco. Fue un alivio no tener que vender latas esta vez para comprar alimentos. Era tan degradante. A veces incluso entregaba latas rotas, lo cual no era su política habitual, pero por la bondad de sus corazones las aceptaron de todos modos. Si hubiera sabido bailar el aleluya en ese entonces, lo habría hecho de casa hasta la tienda. No podía entender que esto no era suerte, sino la mano de Dios obrando en mi vida, guiándome y atrayéndome hacia Él. Él siempre está con nosotros. Si pudiéramos darnos la vuelta y verlo, chocaríamos contra Él. Él está así de cerca.

Años más tarde, después de muchos años de caminar con Dios, me encontré con Jesús literalmente cara a cara. Recuerdo una noche que me acosté a dormir, pero no pude dormir. Dando vueltas en la cama a la 1:30 a. m., de repente vi el rostro de Jesús. Estaba tan cerca del mío que sólo podía verlo por el rabillo del ojo. Él me habló y dijo, *"Linda, por qué estás perturbada, estoy aquí, te guiaré, resolveré esos problemas, confía en mí..."* Él es tan hermoso y magnífico cuando se vuelve real y cercano a ti. Lágrimas de alegría comenzaron a correr por mis mejillas al experimentar Su amor por mí. Qué alivio sentí después de eso y me fui a dormir inmediatamente. Si tan solo pudiéramos recordar eso en medio de nuestras pruebas y angustias, nuestra vida se llenaría de mucha más paz. ¡Podemos cantar y bailar tan solo sabiendo que podemos apoyarnos en Sus brazos eternos!

-4-
DIOS TODAVÍA HACE
MILAGROS

Tenía guardada una Biblia que uno de mis empleados me había regalado años atrás y varios libros más, así que comencé a leer la Biblia todas las mañanas en las horas tranquilas, y seguía escuchando esa misma voz que escuchaba en la iglesia hablarme. Por extraño que parezca, respondió todas las preguntas que tenía sobre lo que leí. Fue un momento precioso, tal como había sucedido ayer en mi mente. El Padre me atraía hacia Jesús y el Espíritu Santo me instruía.

"Nadie puede venir a mí, si no lo trae el Padre que
me envió, y yo lo resucitaré en el día final."
(Juan 6:44 NVI).

Los comestibles fueron sólo el primer milagro que ocurrió. Poco después de encontrarme con Jesús en esa iglesia, recibí una llamada telefónica y un hombre que había conocido una vez en una reunión me ofreció un trabajo. Él dijo que vendría a recogerme y que yo podría traer a mi hijo, ya que no tenía auto ni manera de cuidar a los niños. Fue increíble. Sin embargo, hubo un pequeño problema; él era un ex predicador que estaba desviando a muchas personas con enseñanzas falsas tomadas de un conjunto de libros populares en ese momento. Resulta que tenía estos libros, que había estudiado antes de conocer personalmente a Jesús. Tenía reuniones en su casa, a las que había asistido varias veces. El libro hablaba de Jesús, pero también decía que había muchos caminos a Dios, y Jesús era solo uno de ellos. La única gracia salvadora fue que el nombre de Jesús se me hizo conocido de nuevo, no habiendo estado en la iglesia por veinticinco años, y Dios puede usar cualquier cosa para guiarnos a Él. Él usó estos libros para plantar el nombre de Jesús en mi mente. Dije el nombre de Jesús ese fatídico día en la iglesia, y Él inmediatamente respondió y me reveló que Él siempre estaba allí y nunca me dejó. La Biblia afirma esto como verdad en Deuteronomio 31:6 y Hebreos 13:5. El Auxiliador, el Espíritu Santo, me guiaba y me daba dirección en mi vida rota, guiándome a la única respuesta, que es Jesucristo. Cuanto más leía la Biblia, empecé a entender que yo estaba en contra de Jesús y el Espíritu Santo. Entonces me di cuenta de que la voz que escuchaba en la iglesia era Jesús, y Él todavía me hablaba mientras leía Su palabra, y no dejaba de hacer milagros.

Poco después de conseguir el primer trabajo, un hombre judío que conocí en el grupo Curso en Milagros me ayudó a conseguir otro trabajo en un albergue juvenil. Por la bondad de su corazón vino a recogerme y llevarme a mi trabajo, donde trabajaba el turno de noche. Su bondad era increíble, ya que también me recogía y me llevaba a casa por la mañana. La misericordia de Dios estaba allí para mí, en cada paso del camino. Él usa a la gente para hacer Su obra y Él usó a este hombre para mostrarme la bondad y misericordia de Dios hacia mí.

Me costó aceptar toda esta ayuda, así que decidí conseguir mi propio auto. No había manera posible de conseguir un automóvil sin un préstamo. Determiné que este amable hombre judío era la única persona que podría estar dispuesta a ayudarme. Estaba lista para pedirle un préstamo; después de todo, podía devolverle el dinero, ya que ahora tenía dos trabajos. No hace falta decir que me aterraba pedirle ayuda, después de todo lo que él ya había hecho para ayudarme. Realmente no pensé que lo mereciera; Todavía había mucha vergüenza y culpa en mi vida. Después de ensayar una y otra vez mi discurso, había llegado el día de pedirle ayuda. Mi plan era hacerlo cuando él me recogiera para llevarme al trabajo. Mis nervios eran un desastre. Ensayé y ensayé lo que le diría. Estaba enfermo del estómago y me sudaban las palmas cuando me recogió. Me metí en el coche temiendo lo que estaba a punto de hacer y luego, Dios intervino de nuevo. Llegamos a dos cuadras de mi apartamento y justo cuando estaba listo para abrir la boca y dar un salto de fe para hacerle esta pregunta temida, dijo: "Mi esposa y yo vamos a conseguir un coche nuevo y nos gustaría que tuviera este coche." Casi grité, estaba tan estupefacta. No hace falta decir que no podía creer lo que oía. Ahora podría decir, ¡Dios es tan bueno! Ese coche era una bendición. Funcionó perfectamente, porque él lo cuidó muy bien. Lo usé durante cuatro años, hasta que ya no lo necesitaba. Incluso me llevó a conseguir mi licencia de conducir de Nueva York y el seguro para el coche. Jesús conoce cada una de nuestras necesidades, y siempre cuida mejor de sus hijos. Para algunas personas esto no puede ser considerado un milagro. Sin embargo, la Biblia dice que todo regalo bueno y perfecto viene de lo alto, del Padre de las luces (Santiago 1:17), así que considero esto un regalo muy bueno y perfecto y vino directamente de mi Padre celestial a mí. Si hubiera podido chocar los cinco con Jesús, este habría sido el momento.

-5-

DIOS ESCOGIÓ A MI COMPAÑERO

Mi Abba Padre tenía muchas otras bendiciones reservadas para mí, pero no sin pruebas. Mientras todavía permanecía en Monroe, Nueva York, poco después, en 1991, conocí a mi marido, Igor, que había vivido en Nueva York desde 1967. Nos conocimos en la misma reunión en la que yo había conocido al hombre judío; de hecho, trajo a Igor a la reunión porque ambos trabajaban en la misma prisión.

Igor hizo talleres de teatro con prisioneros que se consideraban criminales dementes, como asesinos en masa. Fue Igor quien dijo algo profundo en la reunión que me atrajo hacia él. Él declaró audazmente que lo que estas personas estaban enseñando era falso y que estaban en peligro de sufrir el fuego del infierno; no se andaba con rodeos. Tuve un chequeo de mi espíritu después de eso y hablé con él después de la reunión y le dije que estaba de acuerdo.

Igor y yo empezamos nuestra amistad y nos encontramos un par de veces más en la reunión y luego un día él se montó en su bicicleta hacia mi apartamento veinticinco millas para pasar el rato conmigo y mi hijo. Como tenía problemas para pagar el alquiler y el padre de Michael se había mudado, Igor quería ayudarme a encontrar un apartamento más cerca de mi trabajo en Middletown, donde vivía. Resultó que no podía costear nada de lo que vi, así que me ofreció un lugar en su enorme loft/estudio de 6000 pies cuadrados de forma gratuita, ya que no podía permitirme quedarme donde vivía en ese momento. Ambos éramos artistas; naturalmente en mi mente tenía perfecto sentido para mí vivir allí. Sin mencionar que me gustaba mucho este loco checoslovaco. Había mucho espacio para dos artistas y un niño pequeño y todo el equipaje que ambos llevamos a nuestra relación. También añadiré que no éramos creyentes maduros y tomamos una decisión equivocada al mudarnos juntos solteros.

Incluso cuando tomamos malas decisiones, Dios puede hacer cosas buenas con nuestros errores. Fue viviendo con Igor que me dejó claro que estaba teniendo un encuentro con Jesús. Era un cristiano creyente de Jesús, que leía la Biblia y oraba todos los días. Comenzamos a leer la Biblia y a orar juntos todos los días y a discutir las escrituras a menudo. Esto era totalmente nuevo para mí.

Después de crecer en el comunismo, donde Dios era considerado muerto, Igor encontró a Jesús en Nueva York, mientras tenía largos debates con la esposa de un hombre que era líder de los empresarios del Evangelio Completo. Igor era un seguidor de filósofos e intelectuales y era un artista sin Dios, pero con mucho conocimiento intelectual. Había pasado años estudiando y debatiendo con otros intelectuales. Su herencia también era la de los intelectuales y científicos. Su padre fue uno de los primeros cirujanos plásticos del mundo; de hecho, estudió con Sir Harold Gillis, uno de los fundadores de la cirugía plástica de la Universidad de Oxford. La madre de Igor también era una mujer muy inteligente con un título en lingüística, que fundó y mantuvo la biblioteca médica en Bratislava, Checoslovaquia.

Mientras vivía en Briar Cliff Manor en Nueva York, Igor fue a un lugar llamado a diario el desierto, para caminar y meditar en la filosofía, apropiadamente llevando un libro con él. Allí se encontró con una mujer a caballo llamada Eloise Pierce, que comenzó a hablarle y debatir con él sobre Jesús. Ella no iba a abandonar a Igor y continuó incluso en la frustración para tratar de llegar a ver la verdad a través de todo ese galimatías filosófica. Estoy segura de que ella tenía todo el grupo de negocios Full Góspel orando por este eslovaco intelectual testarudo. Finalmente, un día ella le dijo con autoridad, "Entra en el cobertizo de ese jardinero y pídele a Jesús que te muestre quién es." De alguna forma logró ser obediente en su elevada mentalidad e hizo exactamente eso. Cuando le preguntó a Jesús quién era, escuchó en su mente estas palabras: "Si quieres conocerme, tendrás que olvidar todo lo que sabes y dejarme enseñarte." Sus pensamientos inmediatos fueron, ¿cómo te atreves a decirme esto, sabes cuánto he estudiado y cuánto sé? A pesar de eso, su espíritu dijo: "Sí, Señor."

Desde allí tiró todos sus libros intelectuales y consiguió una Biblia. De hecho, todavía tenía una Biblia amplificada que la Sra. Eloise le dio, cuando lo conocí veinticinco años después. Incluso viajó a Checoslovaquia para conocer a la madre de Igor años después y contarle la experiencia de haber vuelto a nacer de su hijo.

Igor comenzó a asistir a las reuniones del Evangelio

Completo con la Sra. Eloise, quien lo llevó a Jesús, y a su esposo Carlos, quien era el líder de las reuniones. Este grupo de creyentes llenos del Espíritu se reunía en hoteles o habitaciones donde simplemente se reunían para buscar a Jesús y esperar a que el Espíritu Santo se moviera. Fueron llamados los Hombres de Negocios del Evangelio Completo. Él vio el movimiento de Dios con muchos milagros y se llenó con el Espíritu Santo a través de este ministerio y fue totalmente cambiado.

En ese momento, participó en un grupo teatral de fama mundial liderado por Robert Wilson, donde ayudó a escribir y crear música para producciones. Ellos viajaron por el mundo y actuaron, así que él era famoso, y yo podría agregar muy lleno de sí mismo, pero el Señor estaba a punto de terminar todo eso y hacerlo humilde y llevarlo a otro lugar para Su propósito. Después de conocer a Jesús, cuando volvió a su grupo de teatro y declaró que era cristiano y que Jesús era el único camino, todos comenzaron a odiar y luchar contra él y su nueva vida.

Nuestra nueva vida en Cristo significa un cambio y especialmente en la gente con la que nos juntamos

2 Corintios 5:17 dice que somos nuevas criaturas en Cristo, y lo viejo ha fallecido. Significa caminar en una vida completamente nueva, y el cambio tiene que suceder. Es la evidencia de nuestra conversión. A menudo ni siquiera nos vemos iguales. El proceso de santificación comienza y la transformación está en curso desde ese punto a través de nuestros días en la tierra. El llamado a caminar con Dios estaba en movimiento tanto para Igor como para mí y Dios nos había reunido con un propósito que no podíamos ver en

ese momento, pero en los años venideros nos sorprenderíamos de lo que Él podría y haría a través de nosotros y en nosotros.

Dios sabe con quién debemos estar en esta vida. Lo había intentado varias veces antes y fracasé en mis propias elecciones. Mi consejo para los solteros es que esperen la elección del Señor para ustedes y se ahorrarán muchos problemas.

-6-

SANTIFICACIÓN A TRAVÉS DE LAS PRUEBAS

Después de venir a Cristo, si has hecho un verdadero compromiso de seguir a Jesús, toda persona debe pasar por la santificación. El significado bíblico de "santificación" es el proceso de separarnos de las cosas profanas de este mundo, de consagrarnos y dedicarnos a Dios, y luego de purificarnos del pecado mediante el arrepentimiento y la renunciación para renovar nuestra alma y limpiar nuestro espíritu. . Ser santificado es ser apartado para el Señor. Un ejemplo perfecto de esto en la Biblia es la historia del profeta Jeremías. Escuchó del Señor: "Antes que nacieras, te santifiqué" (Jeremías 1:5). Dios ya lo había apartado para ser profeta, incluso antes de que estuviera en el vientre de su madre. ¿Para qué te apartó Dios?

La Biblia dice que todo sobre ti está escrito en un libro. "Tus ojos vieron mi sustancia, aún sin forma. Y en tu libro fueron escritos todos, los días que me fueron trazados, cuando aún no existían ninguno de ellos" (Salmo 139:16). Me encanta lo que La Traducción de la Pasión dice en este versículo: "¡Viste para quién me creaste antes de que me convirtiera en mí! Antes de que hubiera visto la luz del día, la cantidad de días que planeaste para mí ya estaba registrada en tu libro".

¿No es maravilloso saber que Dios sabe y tiene un plan para tu vida? Su deseo es que el libro sobre ti se cumpla. Tenemos que dejar que Él nos ayude a superarlo, para que pueda seguir pasando las páginas hasta el final.

Durante este tiempo de conversión, estaba siendo transformada y liberada de muchos demonios de mi pasado. Créeme, necesitaba liberarme de ellos, así que hubo muchas batallas en mi relación con Igor al principio. Pasé quince años involucrada en las creencias y prácticas de la Nueva Era de todo tipo de formas falsas de buscar dioses falsos. Fui muy engañada y desviada de la verdad. Cuanto más me acercaba al Dios verdadero y viviente, Jesucristo, más dura era la lucha. Es justo como Pablo dijo, tenemos que luchar contra la carne en el Espíritu y no estamos luchando contra la carne y la sangre, sino principados y poderes y gobernantes de las tinieblas y huestes espirituales de maldad en los lugares celestiales (Ef. 6:12). ¡Estaba en medio de una guerra total por mi alma, pero el Señor estaba de mi lado y no perdería!

Tal vez acabas de conocer a Jesús e incluso lo confesaste como tu Salvador, entonces pareció que todo a tu alrededor comenzó a desmoronarse. Te diré, esto no es algo malo sino parte del proceso de santificación que debe tener lugar en tu vida, para que puedas alcanzar una relación más profunda con Jesús y cumplir tu propósito divino aquí en la tierra. Lo que estaba escrito en el libro en el cielo acerca de ti, antes de que estuvieras en el vientre de tu madre, sólo puede cumplirse pasando por la santificación de tu carne, mente y voluntad.

La sangre de Jesús cubre cada pecado. Había muchas

cosas en mi pasado de las que me avergonzaba, y día a día el Espíritu Santo iba trayendo convicción de mi pecado a mi espíritu y guiándome a la verdad, así como Jesús habló a los discípulos antes de su muerte (Juan 16:8). ,13).

Estaba confundida y aun no sabía lo que creía con seguridad, pero mientras seguía leyendo la Palabra de Dios, empezaba a entender quién era Dios y como eso jugaba un papel importante en mi vida. La lucha por mi alma estaba en pleno apogeo, cuando empecé a entender que Dios estaba ahí para mí y que Jesús era la respuesta para mi vida. Comencé a confesar a Jesús como mi Salvador, sin realmente entenderlo completamente, pero el nombre de Jesús es tan poderoso que sólo Su nombre, Su Palabra y Su sangre derramada por nosotros que completó Su obra en la cruz estaba obrando en mi vida a pesar de mi falta de entendimiento.

Este puede ser un testimonio con el que te sientas identificada o no, pero debes saber que Jesús te está llamando más cerca de Él en cada circunstancia de tu vida. Lo que parece un desastre es en realidad una bendición disfrazada. Pablo habló de que no entendemos lo que está sucediendo ahora, mientras pasamos por las pruebas, pero que con el tiempo lo entenderemos. Ahora entiendo lo que no entendía entonces, y todas las luchas y pruebas que me hacían querer rendirme y huir en el momento en que sucedían, ahora tienen todo el sentido. Todo era por mi bien. La carta del apóstol Pablo a los Romanos nos dice: "Y sabemos que a los que aman a Dios, todas las cosas les ayudan a bien, esto es, a los que conforme a su propósito son llamados." (Romanos 8: 28 RVR1960). Esta escritura eventualmente se convirtió en vida para mí después de muchas experiencias duras y que amenazaban mi vida.

Ahora que Igor y yo vivíamos en la misma casa, no pasó mucho tiempo antes de que Igor y yo nos llamáramos marido y mujer, y decidimos ponernos delante de Dios y repetir nuestros votos matrimoniales el uno al otro. Celebramos nuestra propia ceremonia privada. No sé si era ingenua o estaba justificando mi pecado en mi propia mente, pero siendo una nueva cristiana y sin saber nada, pensé que era una gran cosa que hacer. Después de romper la confianza, el abuso y el abandono en relaciones y matrimonios anteriores, no tenía muchas ganas de volver a casarme. Para Igor, era la mejor manera de casarse, porque era ante Dios, no ante el hombre. Más tarde, nos dimos cuenta de nuestro error y, tras arrepentirnos, por Su gracia fuimos redimidos y perdonados. Me encanta la forma en que el Señor nos corrige y nos disciplina para nuestro bien, aunque a veces sea doloroso.

"Porque el deseo de la carne se opone al Espíritu, y el del Espíritu se opone a la carne; y éstos se oponen entre sí para que ustedes no hagan lo que quisieran hacer." (Gal. 5:17 RVC).

Dios nos lleva de aventuras en esta vida, en el espíritu. Nuestra carne está en constante guerra contra él, pero con un poco de fe y confianza en el Señor y mucha gracia, podemos salir adelante. Nuestro deseo es hacer lo correcto, y aun así algunas veces fallamos, por eso necesitamos la gracia de Dios para cubrir nuestros pecados. Algunos hábitos mueren lentamente, de otros nos libra al instante. No podemos huir ni escondernos de Dios. Él siempre nos encontrará y nos pondrá cara a cara con nuestro pecado para liberarnos de él. Él usará cada circunstancia para hacernos mejores, acercarnos y hacernos más como Él. Su palabra dice que, si nos acercamos a Él, Él se acercará a nosotros (Santiago 4:8). Entonces podemos comenzar a permitirle que quite el velo que cubre nuestro entendimiento y dar muerte a la vieja naturaleza pecaminosa por la que Cristo murió. Somos nuevas criaturas en Cristo; la vieja vida ha pasado, y a veces se siente como si Él usara un martillo y un cincel para quitar lentamente los viejos hábitos, amistades, adicciones, lujurias y deseos, pecados, fracasos y vergüenza de nuestra vida pasada (2 Corintios 5:17). Mi hijo me dijo recientemente que es como si hubiera tuberías con fugas que necesitan ser ajustadas y el Padre está constantemente ajustándonos y haciéndonos más utilizables para Él. Su objetivo final es ver Su gloria revelada en nosotros y a través de nosotros. No te desanimes, aguanta, el Señor Dios Todopoderoso tiene Su mano sobre ti y nunca te deja o te abandona.

A medida que avanzaba en esta nueva vida en Cristo, el pasado se alejaba cada vez más de mí y las cosas que solía hacer y que me gustaban ya no estaban allí. ¡Se acabó! No soy la persona que era cuando empecé mi camino con Dios, aunque mi nombre siga siendo el mismo, mi ciudad natal siga siendo la misma, mi familia siga siendo la misma. Hay una multitud de diferencias visibles en mi estilo de vida, mi pensamiento, mis deseos, mis palabras, mis hechos; todas las cosas son nuevas en Cristo.

-7-

ENTRANDO EN LA TIERRA
DE LA DESESPERACIÓN

No conocemos nuestro destino, pero Dios nos da pistas y deseos en nuestro corazón, diseñados para guiarnos hacia él. Según mi experiencia, normalmente no tiene sentido para nosotros tal como lo vivimos. El Señor continuamente nos ofrece piezas del rompecabezas de nuestra vida; Depende de nosotros colocarlos en el lugar correcto a través de nuestras elecciones, palabras, acciones y, sobre todo, sumisión a Él y nuestras oraciones pidiendo Su guía. Proverbios 3:5,6 NVI dice: "Confía en Jehová con todo tu corazón, y no te apoyes en tu propia inteligencia; Reconócelo en todos tus caminos y él enderezará tus sendas.". La clave es dejar que Dios tenga las riendas de tu vida y dejar que Él dirija tus pasos. Por lo general, tu destino terminará siendo algo que nunca habrías creído o pensado. Ciertamente puedo decir lo mismo de mi vida como misionera y viajera por el mundo.

Dios dirigió nuestro camino a Checoslovaquia por primera vez en 1993 para una estancia de un mes con la madre de Igor para evaluar la posibilidad de ayudarla a recuperar la propiedad de su padre. Encontramos edificios grises y derruidos a nuestro alrededor, y más que eso, una nación sin Dios y un pueblo al que le habían lavado el cerebro y atormentado con pensamientos erróneos durante cuarenta años. Era una mentalidad que no se podía cambiar fácilmente a la verdad, excepto con el poder del Espíritu Santo y la misericordia y gracia de Dios. Tras la caída del Muro de Berlín, las iglesias de Estados Unidos y de otras naciones cristianas entraron rápidamente para compartir el Evangelio. El evangelismo era una puerta abierta, y muchos estaban hambrientos de Dios. Los que habían intentado mantener su fe volvieron a la iglesia abiertamente, y los que seguían vivos y en prisión por su fe fueron liberados. Sólo Dios sabe cuántos fueron asesinados por su fe, pero recibieron su recompensa en el cielo. Sus oraciones por su nación fueron finalmente escuchadas.

Nuestra entrada a la tierra ocupada por Satanás fue el comienzo de un gran triunfo, aunque no exento de pruebas y tribulaciones. Encontramos el espíritu de opresión en todas partes que mirábamos, que no muere fácilmente. Permaneció en la mente de la gente y en los hábitos de su existencia. Los restos de la destrucción eran visibles en el deterioro y el gris de todo lo que nos rodeaba, pero afortunadamente había una anticipación del cambio. El espíritu del pueblo tenía que revivir para sobrevivir y prosperar de nuevo como nación tras un robo implacable. La opresión de sus espíritus también era evidente en acciones, costumbres, relaciones, entorno y autoestima. Las ruinas de nuestra futura herencia se reflejaban también en las ruinas del espíritu del pueblo. Me ponía de rodillas para interceder día tras día por la nación y el pueblo.

Dios nos sacó de nuestra tierra para llevarnos a otra que

sería nuestra herencia, y poco sabíamos de los muros que tendríamos que escalar en este desierto. Era un día frío y lluvioso cuando pisamos la tierra por primera vez. No tenía ni idea de lo que un trozo de tierra haría con mi vida. Esta tierra que íbamos a heredar estaba en la Checoslovaquia central. Primero llegamos a Austria y viajamos a Bratislava (Checoslovaquia) para alojarnos con la madre de Igor, y al cabo de unas semanas hicimos una excursión de un día para conocer de primera mano nuestra herencia. Era un viaje de unas tres horas hasta la parte central de Checoslovaquia, donde se encontraba Tri Duby. La propiedad conocida como Tri Duby, traducido "Tres Robles", era el lugar de labranza y antigua residencia del abuelo de Igor. Igor había estado allí varios años antes, cuando el ejército ruso aún la ocupaba. Prácticamente se había convertido en una granja de cerdos que alimentaba al ejército, y servía de depósito de suministros para su vodka mediante la venta de los ladrillos y otras partes de sus hermosos edificios agrícolas del terreno, que ahora no eran más que ruinas.

El día de nuestra llegada estaba triste y los ocupantes del terreno no nos dieron una bienvenida muy amistosa. La madre de Igor había alquilado el terreno a unos criadores de cerdos que seguían con la tradición del hedor, supongo. Estos ocupantes se habían apoderado de ella como si fuera suya, negándose a pagarle un céntimo durante casi dos años, incumpliendo claramente su contrato escrito y firmado. Durante el comunismo no existía la propiedad y, por tanto, nadie entendía este concepto de propiedad y alquiler. Básicamente, se salían con la suya.

No nos saludaron, sino que nos observaron desde lejos,

casi como si supieran que se avecinaba algo inesperado. Así era, pero en aquel momento ni nosotros ni ellos sabíamos cuándo ni cómo. Cuando nos paramos y miramos a través del campo, hasta donde podíamos ver había campos de hermosas tierras de labranza, enmarcados con montañas en el lejano horizonte. Era un cuadro precioso que cualquiera enmarcaría y colgaría en la pared de su sala de estar, pero la belleza de nuestro entorno encerraba una profunda oscuridad subyacente que no era visible a simple vista.

Igor comenzó a describirme todo lo que una vez hubo allí, donde ahora solo había ruinas. Caminó una corta distancia hasta una pequeña colina para contemplar y evaluar el lugar donde tenía muchos recuerdos maravillosos de su infancia mientras mi hijo Michael, de cuatro años, y yo esperábamos junto al auto que nos había prestado mi cuñado. Debo admitir que definitivamente no era lo que esperaba ver. Cerca había un granero muy deteriorado, hecho de piedras grandes, construido en el siglo XIX y a mi derecha había un rebaño de cabras y ovejas frente a él. Iba a tomar algunas fotografías para llevarlas a casa, así que me agaché para sacar mi cámara del estuche. En aquellos días todavía usábamos película, así que mientras estaba preparando la cámara, de repente, un carnero cargó contra mi hijo Michael. Lo vi por el rabillo del ojo, y gracias a Dios pude agarrarlo y sacarlo del camino, de lo contrario podría haber terminado en la sala de emergencias con cuernos clavados en la cabeza o el cuerpo. Los carneros son conocidos como animales territoriales de lucha. Debió haber visto a mi pequeño hijo, de su altura, como alguien con quien luchar por el territorio. Aterrorizada y en modo de alta adrenalina, antes de que pudiera ordenar mis pensamientos, el carnero clavó sus talones en el suelo y retrocedió para ganar velocidad en su siguiente carga hacia mi asustado y confundido hijo. Mi adrenalina de lucha o huida se disparó y le grité tan fuerte como pude a Igor pidiendo ayuda mientras el carnero cargaba hacia Michael nuevamente. De nuevo, grité lo más fuerte que pude y agarré a Michael, y el carnero fue de cabeza al coche, justo donde Michael habría estado parado. En ese momento, Igor estaba allí y soltó un grito horrible y asustó al carnero. Es muy bueno asustando animales; lo he visto varias veces desde entonces. Desafortunadamente, la puerta trasera del auto prestado estaba abollada, y no solo estábamos muy sacudidos, pero no podía pensar en nada mejor que dejar este lugar abandonado por Dios lo más rápido posible, sin mirar atrás, por miedo a convertirme en un pilar de sal como la esposa de Lot. En ese mismo momento declaré: "Esta es la última vez que vengo aquí." Pude sentir la presencia del mal todavía allí, después de este encuentro inesperado.

Mirando hacia atrás, me queda claro que la presencia demoníaca que acechaba allí definitivamente no nos quería allí. Mis pensamientos fueron: "¡No hay problema, me voy de aquí!". Pero Dios tenía algo más en mente. Verás, hay una guerra espiritual que el ojo humano no puede ver, y la guerra está en marcha por nuestras almas y nuestro destino. Con mayor razón Jesús necesitaba venir a salvarnos, porque el pecado ha abierto la puerta al mal contra el que luchamos (Ef. 6:12). Necesitamos libertad de nuestro pecado, a través de Su sangre derramada, para tener poder sobre el enemigo en el reino espiritual. Ningún demonio del infierno puede resistir el poder del Espíritu Santo que se nos da cuando recibimos a Cristo como nuestro Salvador. Estaba empezando a entender esto; Nada como la experiencia para enseñarme la verdad.

Igor estaba muy emocionado de ver la propiedad que sería nuestra herencia, no porque realmente la quisiera, sino porque era parte de su pasado y pertenecía por derecho a su madre. Él deseaba que ella tuviera lo que quería. Era la tierra de su padre, su herencia, robada injustamente, retenida durante cuarenta largos años. Yo, por otro lado, no podía imaginar quién querría algún día un lugar tan horrible.

Los ocupantes del inmueble miraban a lo lejos, como si nada hubiera pasado. Vieron exactamente lo que hizo su carnero, pero ni siquiera vinieron a preguntar por nosotros ni a mirar el coche para evaluar los daños. Ahora me doy cuenta de que ya se estaban ahogando en su culpa y quién sabe con qué más estaban lidiando en esos tiempos difíciles que les hacía imposible enfrentarnos. La culpa y la vergüenza son cargas pesadas que Satanás puede usar para mantener a las personas alejadas de Dios y de la vida abundante por la que Él murió, como muchas de estas personas habían experimentado durante cuarenta años. La mentalidad comunista era que la iglesia era sólo un edificio y Dios no vivía allí, porque según el adoctrinamiento del régimen comunista, Dios no existía.

A pesar de que una gran parte de la población de la gente equivocada de este país creía que Dios no existía, Él todavía estaba allí. Desafortunadamente, a sus mentes les habían lavado el cerebro en esta existencia tan triste y rota. Puedes creer que Dios no existe, pero la verdad es que Él siempre estuvo y siempre estará. Él es el Creador de todas las cosas en los cielos y la tierra, ¿cómo podría no existir? El hombre o la mujer orgullosos que creen que son autosuficientes y que tienen el control han dado la espalda a Dios. La ausencia de la presencia de Dios en las vidas de los ateos significaba la presencia de Satanás en sus vidas. Satanás quería gobernar en el Jardín del Edén desde el principio, y ahora estaba tomando el gobierno aquí. Cuando llegamos, su territorio estaba siendo invadido y estoy seguro de que eso no sentó bien en el mundo espiritual.

La Biblia nos dice que hay espíritus que gobiernan territorios en Daniel 10:13. El príncipe del reino de Persia estaba interfiriendo con el ángel que venía a contestar sus oraciones. Hubo una batalla en los cielos con este príncipe de las tinieblas y sus demonios que tomó más oración y ayuno para recibir la victoria. El ángel fue retenido durante veintiún días, hasta que el Arcángel Miguel vino en su ayuda. El rey de Persia del que habló el ángel estaba en los cielos, un gobernante espiritual de las tinieblas. Sentí este mismo tipo de reino espiritual aquí en Checoslovaquia. Se había orado para que esta nación fuera libre, pero se estaba librando una batalla en los cielos para vencer a los poderes de las tinieblas que gobernaban este territorio. El dominio de Satanás estaba siendo violado y podíamos ver fácilmente que no le gustaba nada. Pero nuestro Dios es más poderoso que cualquier demonio en el infierno y nada puede venir contra Él y sus hijos. El nombre de Jesús está sobre todo nombre y Su poder está muy por encima de cualquier otro poder.

"Por eso también Dios lo exaltó hasta lo sumo y le dio el nombre que está sobre todo nombre, para que ante el nombre de Jesús se doble toda rodilla de los que están en el cielo, y de los que están en la tierra, y de los que están debajo de la tierra, y que toda lengua confiese que Jesucristo es el Señor, para gloria de Dios Padre" (Filipenses. 2:9-11 NVI).

Guerra Espiritual

Debería haber sabido que Satanás estaba tomando represalias ese primer día cuando el carnero atacó a mi hijo. ¿Qué lugar atacar y herir más a los siervos de Dios sino a sus hijos? Como cristianos tenemos confianza en que Dios es más grande que cualquier intento que Satanás pueda hacer contra los hijos de Dios. Aunque Satanás ejerce su poder aquí en la tierra, no se puede comparar con el Dios Vivo y él lo sabe, pero ¿lo sabemos nosotros? Estoy tan segura de ello, sin embargo, por las circunstancias y flaquezas humanas a veces se me olvida, que soy quien soy, por la gracia de Dios, y eso significa que todo lo puedo en Cristo que me fortalece (Fil. 4: 13). Estos pequeños comienzos de mi caminar con Dios comenzaron a darme una idea de saber quién soy en Cristo y de tener verdadera libertad de la oscuridad que gobierna este mundo.

Estoy en la línea de tiempo que Dios ha establecido para mí, al igual que ustedes, intercalados con pruebas triviales y futuras. Era mejor que yo no supiera de ellas. Hay un tiempo para la guerra y un tiempo para la paz (Ec. 3:8). El tiempo para que el pueblo de Dios esté en guerra en el espíritu es ahora y siempre lo ha sido. No sin el entendimiento de que Él lucha por nosotros, somos los centinelas y vigías en la pared intercediendo en nombre de nuestras propias necesidades y las necesidades de las personas y las naciones. No estamos solos en esta batalla, el Señor está sentado a la derecha del Padre intercediendo por nosotros, que somos Sus discípulos (Heb. 7:25). Me encanta lo que mi amigo Dale VanSteenis dice acerca de la intercesión. "La intercesión comienza en el Cielo y viene a nosotros, y luego oramos. Intercesión entonces lleva nuestras necesidades de vuelta al Cielo." Tendemos a pensar que viene de nosotros al Cielo, pero primero debe descender del Espíritu Santo a nosotros para poder orar.

Aprender a confiar en el Señor y creer en Su palabra por las promesas que me dio fue mi primera lección para conocer el poder que tenía en Cristo. Más tarde, a medida que crecía en el conocimiento de Cristo, empecé a memorizar las Escrituras para cada situación de mi vida. Si necesitaba paz, encontraba lo que la Palabra de Dios decía acerca de la paz; si necesitaba sanación, encontraba las escrituras acerca de Su sanación y me paraba en esas palabras, las escribía, las memorizaba, las decretaba sobre mi vida y meditaba en ellas día y noche. La palabra de Dios se convirtió en vida para mí, y empecé a ver el poder de la palabra hablada y escrita de Dios para edificar mi fe y cambiar mi vida.

Las pruebas por las que pasamos en la vida son las herramientas que Dios puede utilizar para acercarnos a Él, para que comprendamos a través de Su palabra quién es Él y quiénes somos nosotros en Cristo. Él lucha por nosotros, y ningún poder del infierno puede enfrentarse al Dios vivo. Como maestra de la Palabra por muchos años, Dios nunca me permitió usar los estudios bíblicos escritos de otra persona para enseñar. Él me decía una palabra para buscar y me llevaba a la concordancia para estudiar las escrituras en profundidad. Los estudios bíblicos eran siempre para mi primero, no para otros, hasta que aprendiera lo que estaba buscando y estudiando. Pasé horas y días escribiendo y preparándome para un estudio bíblico que tal vez sería sólo para un grupo pequeño, pero el fruto del mismo estaba primero en mí y oro por los que escucharon también. Hoy tengo Su Palabra archivada en mi corazón para siempre, y no cambiaría por nada esas muchas horas de búsqueda y búsqueda de Él a través de Su Palabra.

"No temáis ni desmayéis ante esta gran multitud,
porque la batalla no es vuestra, sino de Dios".
2 Crónicas 20:15 RVC).

Después de esta batalla inesperada, nos metimos de nuevo en el coche y comenzamos nuestro viaje de regreso a Bratislava, donde nos estábamos quedando con la familia. Por desgracia, nos fuimos de allí con un mal sabor en la boca que para mí no se iría. Los intentos destructivos de Satanás sobre el pueblo de Dios pueden persistir, incluso en la mente de un creyente maduro. Nuestras mentes deben ser renovadas por la Palabra de Dios. Oré para que el Señor plantara una palabra alentadora en mi mente, y para que no dejara que una fortaleza de miedo echara raíces en mi mente. Satanás quiere que creamos que tiene poder, así que intenta atormentarnos en nuestras mentes. Podemos derribar cada fortaleza que está construida en nuestras mentes con las promesas en la Palabra de Dios (Filipenses 2:5; 2 Corintios 10:4). Tuve que estar de pie en Su palabra para mi vida, mi esposo, y la vida de mi hijo en oración y confesión día y noche, manteniendo mi mente en

Jesús y Sus promesas. Pablo dijo: "La actitud de ustedes debe ser como la de Cristo Jesús" (Fil 2:5 NVI). La Traducción de la Pasión dice, "Deja que su mentalidad se convierta en tu motivación." En otras palabras, tenemos una parte en o una elección para tener la mente de Cristo. Luego describe a Cristo como un siervo humilde que vino como hombre y se hizo obediente hasta la muerte en la cruz; exaltando Su nombre por encima de todo nombre y un día cada lengua lo confesaría como Señor para glorificar a Dios el Padre (Fil. 2:6-11).

A la vuelta de Checoslovaquia central, tras un largo viaje de decepciones y pruebas, tuvimos que anunciar al hermano de Igor que su bonito coche tenía una gran abolladura en el lateral por la embestida de un carnero loco. ¿Quién hubiera esperado que eso le pasara a su coche? Sabíamos que costaría dinero arreglarlo, pero, por desgracia, no teníamos ni un céntimo para darle. En mi opinión, estos fueron solo más recordatorios para no volver nunca a ese lugar prohibido por Dios. En mi temeroso estado de ánimo, fue como si hubiera aparecido ante nosotros una señal que rezaba: "¡Peligro, no entrar!". Una aventura emocionante se convirtió en un mal sueño. Sólo sabía que me alegraba volver al apartamento de mi suegra en Bratislava. Sólo sabía una cosa: quería estar lo más lejos posible de Tri Duby. "Linda, no podemos volver allí", quería oírle decir a Igor. Para mi desgracia, no fue así.

-8-

FUERA DE MI ZONA DE CONFORT

Me encantaba la aventura de un lugar nuevo, pero había algo que no encajaba. Incluso la madre de Igor parecía recelar a veces de nosotros, los "americanos". A veces parecía casi enfadada con nosotros, porque éramos americanos. Aunque comprendí que los comunistas, durante todos esos años, habían lavado el cerebro a la gente para hacerles creer que los americanos eran "cerdos capitalistas" y que eran su mayor enemigo durante la guerra fría. Determiné que quizá ése era el problema cuando intenté comprender algunos de los comportamientos de una cultura que era totalmente nueva para mí. Después de relacionarme con la gente, llegué a amarlos con el amor de Jesús y a conocerlos como un pueblo manso y humilde.

Había muchas cosas diferentes para mí, especialmente la confianza y la compasión por los demás que siempre tuve, pero parecía que faltaban aquí. Mi mejor descripción es que la opresión comunista les robó la alegría y la paz; también les robó su confianza y compasión por los demás. Más tarde descubrimos que era una forma común de ganar dinero delatando a tu vecino, por lo que nunca sabías cuándo te estaban espiando. Incluso en nuestros viajes en tranvía con la madre de Igor, ella nos decía que nos calláramos cuando hablábamos de la propiedad por miedo a que alguien nos oyera. Qué pena tener que vivir con miedo, escondiéndome y guardando secretos sobre todo.

Cuando muchas personas piensan en el amor, piensan en una novela o película romántica, llena de efusividad, besos y dicha romántica, pero nadie sabe realmente el verdadero amor que sólo Cristo puede dar hasta que lo encuentran personalmente en una relación. En un ambiente donde Dios estuvo ausente durante tanto tiempo era difícil imaginar cómo el fruto del amor podría ser evidente. Aunque no todo fue malo; Fue a través de la relación que llegamos a amar a nuestros amigos y familiares eslovacos.

La familia y los amigos nos trataron con mucha hospitalidad y amabilidad para que nuestra estancia fuera agradable. Por desgracia, para muchos eslovacos faltaba algo muy importante en sus vidas y en su cultura: Dios mismo. Todo aquello con lo que crecí no encajaba en esta tierra extraña. Me preguntaba cómo podría yo, como estadounidense, encontrar mi lugar aquí. Una pregunta que sólo el tiempo podría responder.

Mirando hacia atrás en esta época de mi vida, me queda claro que Dios sabía y permitió que el comunismo cayera exactamente cuándo lo hizo, para que nosotros y tantos otros pudiéramos ir a esta nación que una vez estuvo cautiva para liberar a los cautivos a través de Jesús. Todavía no me daba cuenta de que encajábamos en una imagen más amplia que se expandía a los reinos del universo y que todo estaba en el momento perfecto de Dios.

Ahora reflexiono sobre todos los sacrificios que hicieron todos los que nos precedieron, que sufrieron, murieron y fueron torturados por su fe. Considero una bendición sufrir por Cristo y doy gracias por no haber pasado por lo que pasaron los santos que vivieron y murieron por su fe durante el régimen comunista.

> *"Ellos lo vencieron por la sangre del Cordero y por*
> *la palabra que ellos proclamaron; siempre*
> *estuvieron preparados a entregar sus vidas y*
> *morir." (Apocalipsis 12:11 RVC).*

Hora de Partir

Nuestra estancia de un mes llegaba a su fin, después de conocer a la maravillosa familia de Igor y a innumerables amigos. Degustamos una gran variedad de deliciosos platos eslovacos y visitamos algunos hermosos castillos y monumentos históricos. Aunque estaba centrada en mí misma, que es el demonio de todos los demonios en esta vida, me sentí aliviada de volver una vez más a mi zona de confort, Estados Unidos. Una nación bajo Dios, la tierra que amo, ¡lo cual se magnificó aún más después de este viaje!

A Michael, que era un niño típico, le encantó nuestra visita y todas las nuevas aventuras que vivió. Hizo amigos con mucha facilidad y estaba encantado de tener dos primos y dos abuelos nuevos, que enseguida se encariñaron con él. Todo el mundo me acogió muy bien, por no hablar de que era la primera vez que iba a Europa (el sueño de mi vida), aunque París o Roma habrían sido mucho más románticas y agradables. Ni que decir tiene que era allí donde Dios quería que estuviera; ¿en qué estaría pensando? O mejor aún, ¿qué es lo que yo no veía en esta foto?

Igor pasó por muchos ajustes durante su estancia allí después de tantos años de ausencia. Después de su milagrosa fuga en 1966, sólo había estado en casa una vez. Reintegrarse a la familia después de años de ausencia no siempre es fácil. El propio Jesús no fue apreciado en su ciudad natal de Nazaret. El pueblo lo vio simplemente como el hijo de José el carpintero y, en consecuencia, después de escucharlo leer la escritura en la sinagoga, los que lo oyeron hablar se llenaron de ira contra Él, dando a entender que estaba cumpliendo estas palabras del profeta Isaías. "El Espíritu del Señor está sobre mí, por cuanto me ha ungido para predicar el evangelio a los pobres; me ha enviado a sanar a los quebrantados de corazón, a predicar a los cautivos libertad y vista a los ciegos, a poner en libertad a los oprimidos, a predicar el año agradable del Señor" (Lucas 4:18-19 RVR1960).

Después de sentarse, continuó respondiendo a sus preguntas y dándoles más sabiduría, y ellos se enfurecieron contra Él. Lo que hicieron a continuación fue increíble: "Se levantaron, lo echaron fuera de la ciudad, y lo llevaron hasta la cumbre del monte sobre el que estaba edificada la ciudad, para despeñarlo. Pero él pasó por en medio de ellos, y se fue." (Lucas 4:29-30 RVC). Escapó sobrenaturalmente, porque no era sólo el hombre Jesús, sino Dios. Se fue a Cafarnaúm e hizo grandes cosas. A veces debemos dejar nuestra ciudad natal e ir a donde Dios nos envía para cumplir Su plan para nuestras vidas.

Igor era un estadounidense de pleno derecho y estaba más

orgulloso que nadie de ser ciudadano. Los inmigrantes están realmente agradecidos por sus libertades, especialmente cuando provienen de países que estaban bajo tiranía y sus vidas estaban en peligro. Durante nuestra estadía, se aseguró de que todos supieran lo orgulloso que estaba de ser estadounidense. Incluso a mí me sorprendió un poco su orgullo americano. Amo mucho a mi país, pero a diferencia de él, no podía emocionarme tanto como él, porque aún no había aprendido a apreciarlo. Dios me estaba preparando en este viaje para lo que tenía reservado para mi vida en los años venideros, y a través de la experiencia aprendería a apreciar donde Él me dio a luz más y más. Lo más lejos de mi mente era vivir en cualquier parte menos en los buenos Estados Unidos, especialmente después de este viaje.

Dios está lleno de sorpresas; he aprendido que lo que pensamos que haremos con nuestra vida no es siempre lo que Dios tiene planeado para nosotros. Algunas personas saben exactamente lo que están llamadas a ser, incluso desde una edad temprana. Conozco a personas que de niños decían que serían médicos o profesores o artistas y lo hicieron, pero yo nunca supe lo que sería. A medida que me acercaba a Jesús, empecé a rezar diariamente una sencilla oración: "Aquí estoy Señor, úsame", y eso le dio permiso para hacer lo que yo no podía imaginar o esperar lograr o llegar a ser. Pruébalo. Te sorprenderá lo que Dios hace en tu vida.

En este momento de mi vida, sólo quería volver a mi cómoda vida tal como la conocía, criar a mi hijo y ser "feliz". Lo que para mí era ser feliz no era lo que Dios tenía en mente. Dios sabe cuánto podemos soportar y nos prepara para poder soportarlo todo. Él conoce nuestro futuro y nos lo revela, en lo que parecen piezas de un rompecabezas, para que no corramos y nos escondamos en una cueva en las montañas y no salgamos nunca más, ni corramos delante de Él y cometamos un gran desastre tratando de hacer lo que creemos que es su voluntad. Jeremías lo expresó muy bien: "Porque yo conozco los planes que tengo para ustedes —afirma el Señor—, planes de bienestar y no de calamidad, a fin de darles un futuro y una esperanza." (Jeremías 29:11 NVI).

-9-

DE VUELTA A CASA, A NUESTRA ZONA DE CONFORT

Igor y yo no éramos tu gente habitual viviendo en un apartamento o casa. Como te dije antes, vivíamos en el estado de Nueva York en un enorme edificio abandonado de la fábrica en el último piso, con 6.000 pies cuadrados de espacio al aire libre y cincuenta y dos ventanas... perfecto para dos artistas. Se dice que los artistas piensan de forma diferente y a veces son capaces de hacer cosas muy distintas a las habituales. Por nuestro estilo de vida, nuestra naturaleza aventurera y la asunción de riesgos, algo difícil de entender para muchas personas. Era una vida divertida y llena de aventuras para todos nosotros. Si Michael quería, podía montar en bicicleta, patinar y jugar al fútbol y al baloncesto en nuestro loft con los niños del vecindario. Desde muy pequeño fue una persona muy generosa; no era raro que regalara sus juguetes. Me asomaba a la ventana del loft y veía a uno de los chicos llevarse su pelota de baloncesto a casa, después de haber jugado. Incluso en el parque, cuando tenía dos años, compartía sus juguetes en el arenero. Este era un niño increíble que Dios nos dio.

Igor había vivido en este loft durante diecisiete años antes de que lo conociera, y ahora compartía su sucio y desordenado espacio de soltero con una mujer meticulosa y un niño pequeño y alegre. Por supuesto, cuando una mujer se muda allí significa un cambio, especialmente en las condiciones de vida. Un hombre puede sobrevivir con casi cualquier arreglo, pero una mujer necesita construir su nido. No había un lugar para preparar una comida, así que construimos una cocina. Hacía mucho frío en invierno, a veces hasta -23 grados, así que tuve que usar guantes con las yemas de los dedos cortadas para cocinar, y usamos ropa interior larga y capas de ropa todo el día, pero nunca se me pasó por la mente que era inusual. De hecho, nunca nos enfermamos; los gérmenes no pueden vivir en un lugar frío, así que lo cuento como otra bendición del Señor. Había que añadir muchas otras cosas a nuestra casa, así que añadimos una puerta al cuarto de baño (imagínate sin puerta en el cuarto de baño) y un lugar para dormir con calefacción (no es pedir demasiado, ¿verdad?). Lo hicimos construyendo paredes de plástico con un calentador de propano añadido y también teníamos mantas eléctricas. Hicimos una habitación grande con una estufa de leña y una puerta enorme y pesada que cerraba la habitación para nuestro living. Antes de que nos diéramos cuenta, estábamos trabajando día y noche construyendo una casa dentro de nuestra fábrica. Afortunadamente, empezaba a parecer un hogar.

Igor era un gran hombre de mantenimiento, así que siempre estaba ocupado haciendo algo para hacerme feliz y yo le ayudaba, con su supervisión, que a veces era un poco excesiva para mi gusto. Estábamos en pleno proceso de conocernos y de descargar todo el equipaje que ambos traíamos de nuestro pasado. Fue un auténtico vertedero durante varios años. Siempre tenía la maleta preparada por si tenía que salir de allí rápidamente, cosa que hacía de vez en cuando durante unas horas. Poco sabía yo que estaba huyendo de mi orgullo egoísta, que es otro mal que debe morir en todo cristiano. A Dios sea toda la gloria de que no nos matáramos el uno al otro o nos volviéramos completamente locos en medio de la descarga de equipaje. El Señor nunca fue tan misericordioso como lo fue con nosotros esos primeros años. Nuestra única gracia salvadora fue que ambos estábamos comprometidos a buscar al Señor con todo nuestro corazón y toda nuestra alma, y a enseñar a Michael a hacer lo mismo, aunque estábamos lejos de lograr una vida cristiana perfecta. "Por cuanto todos pecaron, y están destituidos de la gloria de Dios" (Romanos 3:23 RVC). ¡Un gran AMÉN a eso!

Doy gracias a Dios por el Espíritu Santo y la convicción de nuestro pecado, para que podamos arrepentirnos y cambiar con Su ayuda y Su gracia que nos cubre, cuando no lo merecemos y definitivamente no podemos hacerlo por nosotros mismos.

La Vida Como de Costumbre

De nuestra aventura en la tierra del poscomunismo, llegamos de vuelta a nuestra maravillosa vida, procesamos nuestros diez rollos de película y procedimos a digerir nuestro viaje a Checoslaquia en el pasado. Al menos eso creíamos. Cuando Dios te llama a un lugar, éste no desaparece, sino que sigue persiguiéndote. Compartimos todas nuestras experiencias aventureras y la angustia que sentíamos por las ruinas de la nación y las vidas que vimos por el intruso llamado comunismo. Había tanto que contar y recordar; estuvimos meses compartiéndolo con nuestros amigos, y hablando entre nosotros de lo que habíamos vivido, además de seguir intentando comprenderlo todo. Nuestras vidas siguieron como siempre. Volví a mi trabajo en un albergue para adolescentes sin hogar, donde estaba aprendiendo mucho. Aunque acababa de salir de un colapso total, de un montón de malas decisiones, y de resultados difíciles de esas decisiones, no hay mejor manera de volver a encontrar la paz que ayudar a los demás. Ayudar a estos adolescentes perdidos y confusos fue una bendición y un reto al mismo tiempo, pero también un campo de entrenamiento para futuras cosas a las que Dios me llamaba. No hay nada por lo que pasemos que no nos lleve a otra cosa que Dios haya escrito en nuestro libro del cielo. A veces es un paso en la dirección correcta y a veces un paso equivocado que debe ser enderezado por la mano de Dios moviéndose en nuestras vidas. Estoy agradecida de que el Señor Dios Todopoderoso tiene Su mano sobre mí guiando mi vida hacia el lugar que Él diseñó. Pablo tenía una espina clavada en el costado que suplicó a Dios que le quitara, pero la respuesta de Dios fue: "Te basta con mi gracia, pues mi poder se perfecciona en la debilidad" (2 Corintios 12: 9 NVI).

En medio de sus pruebas, Pablo aprendió a regocijarse y a jactarse de sus debilidades para que el poder de Cristo reposara sobre él. No es vivir en una zona de confort, sino una vida de desafíos en las pruebas, con temple y transformación, lo que nos hace más parecidos a Jesús. Si queremos ser productores de frutos, esto es lo que hace falta.

-10-
ESCUCHANDO EL LLAMADO

La vida seguía su ritmo habitual. Nos levantábamos cada día, leíamos la Biblia y rezábamos juntos para empezar el día y lo terminábamos de la misma manera. El Señor empezó a obrar en los dos, a limpiar la basura que ambos arrastrábamos de nuestro pasado. Sentía como si el fuego del Cielo descendiera sobre nosotros y estuviera a punto de destruirnos. Pienso en la historia del libro de Daniel, en la que el rey ordena que todos se postren y adoren la imagen de oro que el rey ha levantado. Sadrac, Mesac y Abednego se negaron, y el rey ordenó que el fuego del horno se calentara siete veces más antes de arrojarlos en él. Tenían fe en que su Dios los salvaría, y así fue. Incluso el rey se convenció de que era el hijo de Dios (Daniel 3: 10, 17, 25). Nos sentimos como si hubiéramos sido arrojados al fuego y definitivamente necesitábamos un Salvador.

Algunas personas piensan que Dios no nos habla, pero supongo que no han leído la Biblia. Él habló a la gente a lo largo del Antiguo y del Nuevo Testamento. También creo que Dios nunca ha cambiado, como dice Su palabra: "Jesucristo es el mismo ayer, hoy y siempre" (Hebreos 13:8). Hay tantos grandes ejemplos en la Biblia de Dios hablando a Su pueblo. Moisés fue uno a quien Dios le habló cara a cara como un hombre le habla a un amigo (Éx.33:11a). Yo no me hubiera salvado si no hubiera escuchado la voz de Jesús hablándome en esa iglesia en Monroe, Nueva York. Dios puede hablarnos de la manera que Él quiera. Jesús nos dejó el Espíritu Santo para guiarnos, como nuestro Ayudador, para recordarnos todas las cosas que Jesús dijo y para darnos revelación de ellas. Él nos hablará a través de Su Palabra, en sueños y visiones, a través de profetas y palabras de conocimiento o sabiduría de hombres y mujeres de Dios y a veces a través de ángeles. Oímos la voz de Dios de muchas maneras diferentes.

Dios no nos dejó solos; dijo que nunca nos abandona ni nos desampara (Heb. 13:5). La vocecita apacible del Espíritu Santo puede hablarnos, como lo hizo con el profeta Elías. El Señor no estaba en el viento, ni en el terremoto, ni en el fuego, pero entonces oyó una vocecita apacible (1 Reyes 19:11-12).

Desde mi conversión al cristianismo unos años antes, experimenté la presencia impresionante de Dios cuando leí la Biblia y oré, pero no había escuchado a Dios hablarme desde mi primer encuentro con Él en la iglesia en Monroe, aunque estaba a punto de hacerlo. Me encanta la forma en que Dios se acerca sigilosamente a ti y te sorprende con cosas que nunca habrías soñado que pasarían. Escuché a un predicador llamarlo "Jehová Astuto", tan gracioso pero cierto. Creo que Dios también tiene sentido del humor.

Dios estaba a punto de darme el primer indicio de que se avecinaba un cambio. Sucedió un día mientras estaba afuera en las escaleras traseras de nuestro loft colgando la ropa junto a una morera muy grande. Los arcos de este gran árbol colgaban frente a donde yo estaba colgando la ropa mojada para que se secara en nuestro tendedero de polea hecho a mano. Imagínese, estaba en el acto de lavar la ropa y escuché la voz apacible del Espíritu Santo pronunciar estas palabras en mi cabeza: "Cuando veas el fruto maduro en este árbol, te irás de aquí". Me dije a mí misma que... que me había ido de dónde, de esta fábrica, de esta ciudad, ¿qué significaba eso? Fingí que no había oído esas palabras al principio, pero no dejaban de sonar como un disco rayado en mi mente y cada vez que salía junto al árbol miraba la fruta para ver si estaba madura. Cuando oí estas palabras por primera vez, la fruta aún estaba blanca y verde, así que faltaban varios meses para que se volviera de un morado intenso, lista para recoger y comer. Durante las semanas siguientes, esa vocecita me habló con insistencia. Un día, mientras guardaba los platos en nuestra cocina al aire libre, oí otro mensaje de la misma vocecita del Espíritu Santo. Su voz dulce y tranquila decía: "Vivirás en Eslovaquia y te daré todo lo que necesites... no te preocupes por lo que comerás o dónde vivirás". Yo no quería oír eso. A pesar de lo poco que me gustaba ese pensamiento, empecé a imaginarme cómo podía ser, recordando nuestra visita con cierto temor y consternación. Aunque traté de olvidar estas palabras, Dios me hablaba a través de Su Palabra, confirmando diariamente estas palabras pronunciadas una y otra vez en mi cabeza. Sabía que no eran mis pensamientos ni mis palabras, sino las Suyas. Él me estaba preparando para algo mucho más grande de lo que yo podía imaginar en ese momento.

Usualmente, la gente se confunde acerca de cuál es la diferencia entre sus pensamientos plantados por espíritus demoniacos, y los pensamientos de Dios. Una manera fácil de saber es, si se alinea con la Palabra de Dios, entonces es de Dios. ¿Es algo que usted hubiera pensado normalmente? Entonces es tuyo. ¿Es algo totalmente fuera de tu carácter o francamente malo o pecaminoso? Entonces viene del diablo. Dios siempre confirma Sus palabras.

Ahora las palabras que escuché fueron una instrucción en la que nunca hubiera pensado. No era malas ni iban a hacerme pecar, así que no podría haber sido el Enemigo. La voz era persistente y estaba afirmada en la palabra de Dios, así que comencé a entender que era de Dios. Un pasaje de las Escrituras que me dio para confirmar Su palabra fue a Abraham: "Por la fe, Abrahán obedeció cuando fue llamado, y salió sin saber a dónde iba, y se dirigió al lugar que iba a recibir como herencia." (Hebreos 11:8 RVC).

Lo único que Dios quería era mi obediencia como Abraham, quien fue llamado a salir de su país e ir a donde Dios lo enviaba. La Biblia dice que sin fe es imposible agradar a Dios; debemos creer que Él es quien es y que recompensa a quienes lo buscan diligentemente (Heb. 11:6). Caminamos por fe, no por vista (2 Corintios 5:7); la fe es simplemente confiar en Dios, incluso cuando no podemos entender o ver lo que Él nos pide que hagamos. Dios estaba requiriendo algo de mí que no podía ver, creer o siquiera imaginar en este momento, pero Él no me dejaría sin todo lo que necesitaba. Él me tranquilizó a través de Su palabra y Sus promesas para mí. Él prometió en Su Palabra que no necesitábamos temer ni desanimarnos, sino sólo confiar en Él para que se ocupara de todas nuestras necesidades, mientras le hablaba a Josué: "¿No te he mandado? Sed fuertes y valientes; no temas, ni desmayes, porque Jehová tu Dios estará contigo dondequiera que vayas" (Josué 1:9 NVI).

Uno de mis personajes favoritos de la Biblia es Josué. Era un joven al que Dios estaba preparando para ocupar el lugar de Moisés y entrar en la Tierra Prometida en su lugar. Qué tarea tan desalentadora debió de ser para un joven seguir los pasos de Moisés. Dios le habló y le animó a dar los pasos necesarios para completar esta tarea, a confiar en Él y a no temer. Josué conocía la Ley o la Torá, que estaba archivada en su corazón y en su mente. Dios quería que supiera que podía hacer cualquier cosa si creía en Su Palabra, meditaba en ella día y noche y hacía lo que le indicaba. Si hacía lo que Dios le pedía, entonces su camino se enderezaría y prosperaría y tendría éxito en lo que Dios le llamara a hacer (Josué 1:8). Esta fue mi lección, aunque no iba a la tierra prometida para Israel, era la tierra prometida para el ministerio al que Dios me llamaba. Dios le dijo a Josué: "Mientras vivas, nadie podrá hacerte frente, porque yo estaré contigo como antes estuve con Moisés. No te dejaré, ni te desampararé." (Josué 1: 5 RVC).

Estaba aprendiendo que Dios tenía un plan para mi vida que yo no podía entender en ese momento, pero todo lo que tenía que hacer era confiar en Él e ir a donde Él me enviaba. También recordé la oración que dije fielmente: "Aquí estoy Señor, úsame". ¿No esperaba que Dios respondiera a mi oración? Él siempre escucha y responde. Necesitaba simplemente creer en Él y en Su Palabra y aceptar la llamada en mi vida para glorificarle en todos los sentidos.

¿Y tú? ¿Qué te pide Dios que hagas? Porque los que son obedientes le aman.

-II-

ENCONTRANDO LA VOZ
DEL ESPÍRITU SANTO

Conocer la voz del Espíritu Santo es claramente algo de lo que todos los verdaderos creyentes necesitan tener seguridad. Muchas veces, la gente dice "algo me dijo o simplemente tuve este sentimiento", pero a menudo ese algo o sentimiento es la tercera persona de Dios, el Espíritu Santo. Él quiere hablarnos y guiarnos a través de las pruebas y circunstancias de nuestra vida que son problemáticas o para traer convicción de nuestro pecado y cambiarnos guiándonos a la verdad (Juan 16:8, 13). El Espíritu Santo fue enviado por Dios para ayudarnos y consolarnos, como fuego consumidor para convencernos de pecado, como viento impetuoso y como lenguas de fuego para bautizar y dar poder (Hechos 2:2). Apareciendo como una paloma cuando Jesús fue bautizado por Juan (Mateo 3:16); Él es el Espíritu de la Verdad, que nos guía a la verdad (Juan 16:13). Todo creyente está llamado a escuchar de Dios a través de Su Palabra, sin embargo, Dios también elige hablarnos a nosotros, como dije antes, como sea que escuchemos, ya sea en un sueño, a través de una canción o un libro, a través de un profeta, un maestro, un hermano o hermana en Cristo, o a través de su voz apacible y delicada (1 Reyes 19:12). Cuando la palabra de Dios viene, es importante que caiga en buena tierra, para que pueda echar raíces y dar fruto. Dios habla, pero ¿escuchamos y lo tomamos en serio y confiamos en Él para cumplir lo que Él dijo? Dependía de mí tener un corazón dispuesto, confiar en Él para hacer lo que Él dijo, y salir en obediencia, para que el fruto pudiera ser producido.

Como dije antes, cuando conocí a Jesús por primera vez, me quedé atónita al escuchar una voz aún pequeña que me hablaba después de que simplemente dije: "Por favor, Jesús, ayúdame", mientras estaba arrodillada sola en una iglesia en mi condición quebrantada y desesperada en la vida. Escuche en mi oído izquierdo, "Te has descarriado, pero ahora has regresado. Nunca te he abandonado, ahora toma mi mano y te llevaré a través de todo". Estas fueron palabras que cambiaron mi vida, aunque no entendía exactamente lo que significaban en ese momento. Cuando escuché esas palabras, Dios empezó a hacer algo en mi vida que nunca hubiera imaginado, y sigue sucediendo desde hace treinta y dos años. Él estaba tomando mi mano y guiándome a través de la sombra del valle de muerte de mi vida egoísta y sin esperanza. Jesús vino a transformarme y cambiarme; Él nunca quiso que me sentara en mi egoísmo esperando mi próxima bendición de Él. Él quería que yo diera un paso con total fe en que Él podía hacer lo imposible en mi vida, eso claramente tenía muy pocas esperanzas. La única manera de que eso sucediera era caminar por fe y no por vista. El Espíritu Santo me estaba guiando y conduciéndome a la verdad. Conocía a Jesús en mi cabeza y a través de Su Palabra, pero necesitaba un encuentro profundo con Él, y eso significaba intimidad y asombro con Él, encontrarlo cara a cara.

Jesús dijo: "Mis ovejas conocen mi voz, y yo las conozco, y ellas me siguen". (Juan 10:27 NVI). Su voz es la voz de Dios, y podemos escucharlo cuando comulgamos con Él diariamente en oración, meditamos en Su Palabra, lo adoramos y lo alabamos. Si nos acercamos a Él, Él se acercará a nosotros. Su maravilla no proviene de sentarse en un lugar cómodo, sin correr riesgos, sin dar un paso de fe, sin ser puesto a prueba por angustias, dolores y luchas; es un viaje por el desierto en el que debemos emprender para convertirnos en ese recipiente de honor para Su gloria. Mi travesía del desierto había comenzado en Monroe, Nueva York, desprovista de comodidad en un lugar familiar, desprovista de apoyo familiar, desprovista de cualquier medio material para hacer cualquier cosa, desprovista de cualquier cosa aparte del amor de Dios y Su Espíritu Santo para guiarme a los lugares desiertos, para mi entrenamiento en experimentar a Dios en Su plenitud y maravilla. Mirando hacia atrás, estoy tan agradecida por esos días de desierto. ¡No puedo imaginar dónde estaría sin ellos!

La Palabra de Dios Siendo Plantada

Habían pasado algunas semanas desde que me paré afuera junto a ese árbol de morera y escuché la pequeña voz del Espíritu Santo hablándome. Sin embargo, Sus palabras estaban todavía en mi corazón y en mi mente y ahora estaba a punto de descubrir cómo sucederían. Tal y como son las cosas en la vida, un día Igor inesperadamente miró por la ventana desde el último piso del loft y había un hombre con ropa de negocios mirando el primer piso del edificio con un portapapeles en la mano y escribiendo con un bolígrafo en el otro. Igor le gritó por la ventana y le preguntó qué estaba haciendo. Dijo que era inspector de la ciudad. Por alguna razón desconocida, Igor lo invitó a ver dónde vivíamos, sin saber que legalmente podríamos ser expulsados. Y lo adivinaste; Envió un aviso al propietario del edificio diciéndole que legalmente no podíamos vivir allí, después de que Igor hubiera vivido allí durante diecisiete años.

Después de cuatro años de atravesar el desierto y consumir fuego antes de esto, fue una continuación de despojarme de las capas de comodidad inmediata y territorio familiar desde mi conversión como seguidora de Jesús. Logramos quedarnos otros dos meses gracias a que la ley estuvo de nuestro lado, el tiempo justo para que maduraran las moras. ¡Dios cumple Su palabra y siempre lo hace a Su manera!

Comenzamos a colgar una sábana de las ventanas del último piso del edificio durante dos meses, con grandes letras que decían: "VENTA POR MUDANZA". Después de haber vendido casi todas nuestras pertenencias mundanas, nos trasladamos a casa de un amigo para decidir adónde iríamos después. Increíblemente, nuestra conclusión final fue Checoslovaquia, tal como el Señor me había dicho. ¿Por qué es tan difícil aceptar el cambio y confiar en que el camino de Dios es siempre el mejor? Hay un camino establecido para nosotros, y si confiamos en Él, encontraremos ese camino. Sólo tenemos que creer en Su palabra (Prov. 3:5, 6).

Mudarse es una de las cosas más difíciles de hacer, por lo que ya había pasado numerosas veces en los años anteriores. Esta vez me llevó al final de todas las pertenencias materiales excepto la ropa y lo esencial. Tuve que dejarlo todo, lo que fue una verdadera prueba para mi fe. Ya me había deshecho de muchas pertenencias mundanas, pero me aferraba a lo que creía que aún necesitaba, o debería decir, todas aquellas cosas de las que me parecía absolutamente imposible desprenderme. Las posesiones pueden poseernos si no tenemos cuidado. Ya sabes, esas cosas tan importantes como el televisor, los casetes (entonces no había CD), los libros, la vajilla y los muchos cuadros que pinté a lo largo de los años. También tenían que desaparecer. Ya has oído el dicho: "Tu basura es el tesoro de otro". Incluso vendimos una piedra por tres dólares. Debía de tener algún tipo de poder, como pensaba en mis tiempos de la Nueva Era. Incluso después de dos meses vendiendo cosas en el desván, seguía teniendo que hacer ventas de garaje para limpiar las últimas cosas de mi vida; no podía llevármelas conmigo, ¿verdad?

Vendimos todo, compramos una furgoneta, nuestros billetes de avión, y embarcamos la furgoneta en un transatlántico hacia Alemania, donde podríamos recuperarla en seis semanas. No era posible imaginar lo que Dios nos tenía reservado, en nuestro siguiente viaje a Checoslovaquia, pero llegó tal como Dios dijo que llegaría. El fruto estaba maduro en la morera y habíamos desalojado nuestro desván y nos dirigíamos a otra nación. Tuve que confiar en que Dios proveería todo lo que necesitáramos, porque Él dijo que lo haría. Mi confirmación estaba en Su palabra: "No os preocupéis, pues, diciendo: '¿Qué comeremos? ¿Qué beberemos? ¿Qué nos pondremos? Porque los gentiles buscan todas estas cosas. Pues vuestro Padre celestial sabe que necesitáis todas estas cosas. Mas buscad primeramente el reino de Dios y su justicia, y todas estas cosas os serán añadidas" (Mateo 6:31-33). Más tarde, esta escritura estuvo en mi refrigerador para recordarme diariamente esta verdad, mientras la ponía en práctica en mi vida.

La confirmación de trasladarnos a Eslovaquia (que era la antigua Checoslovaquia, ahora dividida en dos naciones, la República Eslovaca y la República Checa) llegó en varias cartas de la madre de Igor durante ese último año, en las que decía que quería regalarnos Tri Duby, y que nos ayudaría a desarrollarla si íbamos. Nos hizo muchas promesas y, tras varias cartas y conversaciones telefónicas, Igor empezó a pensar que sería una buena opción. Yo me resistía; no era lo que quería hacer el resto de mi vida. De todos modos, ¿quién necesitaba ese pedazo de tierra, donde las cabras chocan contra tu auto y viven los ladrones? No podía soportar la idea de estar tan lejos de toda mi familia, a pesar de que ellos ya estaban distanciados de mí durante esos años; aunque viví con la esperanza de un cambio y mi querido país y mi cómoda vida familiar. A decir verdad, estaba muerta de miedo al dar un paso tan drástico. Gracias a Igor y su fuerte fe, pude ir con fe, con su brazo sosteniéndome y arrastrándome hasta el avión. Tuve que recordarme una y otra vez que cuando soy débil, el Señor es fuerte (2 Corintios 12:10). Nunca necesité tanto la fuerza sobrenatural de Dios como entonces. ¡Tenía que obedecer lo que Él me había dicho, si quería ver frutos en mi vida y ciertamente no quería terminar como Jonás, en el vientre de una ballena!

-12-

HACIA SER UNA NUEVA CREACIÓN/EL ENVÍO

Cuando alguien recibe a Jesucristo como su Salvador, las escrituras nos dicen que somos una "nueva creación; las cosas viejas pasaron; he aquí todas son hechas nuevas" (2 Corintios 5:17). Hasta ahora, yo no entendía lo que eso significaba, pero Dios estaba determinado a que yo me convirtiera en esa nueva creación y desechara todo lo viejo. Tuve que continuar en mi experiencia en el desierto para encontrar quien estaba llamada a ser y, en primer lugar, quien era Jesús para mí. Los israelitas cruzaron el Mar Rojo sobre tierra seca, dejaron todo atrás, excepto las necesidades básicas y los tesoros de oro y joyas que Dios les dio antes de partir. Dios les abrió el camino para ir a una vida cómoda-¡no! Abrió el camino para que entraran en el desierto para encontrar quién era Él y luego saber quiénes eran con Él. Cuarenta años de vagar, quejarse y fallar en captar el mensaje, pero Dios persistió con ellos por Su asombrosa misericordia y gracia, generación tras generación, para mover a los que se quedaron a la Tierra Prometida.

No sabía que me dirigía al desierto para ser templada y probada hasta que supiera quien era Dios y supiera quien era yo en Cristo, para ser transformada por su asombrosa gracia y amor y convertirme en una nueva creación. Te dije que Igor y yo trajimos mucha basura del pasado a nuestras vidas juntos. Me di cuenta de que todavía no había visto nada. Una manera de sacar esa basura es hacer presión para forzarla a salir. Quien inventó el compactador de basura tuvo una gran idea, porque la basura puede apoderarse de uno y volverse apestosa y es demasiada para deshacerse de ella después de algún tiempo. Es igual con nosotros los humanos, nuestra basura puede acumularse y volverse bastante apestosa en nuestras vidas y ya no sabemos dónde ponerla o cómo deshacernos de ella o esconderla.

Mi compactador de basura funcionaba con las dificultades de ser inmigrante, no saber hablar el idioma, no tener acceso a un televisor, y entonces no había teléfonos móviles. No podía llamar a un amigo o a la familia para que me ayudaran; mi compañero de oración estaba en Nueva York y solo podía escribir cartas, que tardaban semanas en enviarse o recibirse. Estaba definitivamente fuera de mi zona de confort. Mi dolor era profundo, mis decepciones eran muchas y mis relaciones pasadas fallidas dejaron profundas heridas en mi corazón y en mi mente. Mi visión de mí misma no era muy buena. Todo lo que sabía era que amaba a Jesús y que quería hacer Su voluntad con mi vida. Aquí estaba, y aquí tenía que quedarme me gustara o no, porque no tenía otro lugar a donde huir.

Doy gracias a Dios porque la familia de Igor nos acogió y nos dio amor y nos aceptó. Tuve que adaptarme a la forma de hacer las compras e ir a la oficina de correos en nuestra pequeña zona de la ciudad para poder hacer algo por mi cuenta. Aprendí a viajar en tranvía y encontré una iglesia que me gustaba, aunque no entendía nada de lo que decían; gracias a Dios, a veces había traductores. Lo bueno fue que tuve mucho tiempo para escuchar y no hablar, fue mi entrenamiento para escuchar al Espíritu Santo, y sorprendentemente me ayudó a entender lo que pasaba, incluso cuando no entendía el idioma. Al cabo de unos meses, empezaba a sentirme un poco como en casa a pesar de la situación tan complicada en la que me encontraba. Gracias a Dios por Igor y su paciencia conmigo y su traducción constante para que yo entendiera cualquier cosa. Siento una profunda compasión por los inmigrantes. Vengo de una larga línea de ellos, los primeros nacidos en mi familia en América fueron mi padre y mi madre. Mis bisabuelos y abuelos de ambos lados nacieron en Alemania y Ucrania e inmigraron a América a finales de 1800 y principios de 1900. Una de mis abuelas nunca aprendió a escribir muy bien en inglés y hablaba varios idiomas diferentes cuando hablaba, a veces, alemán, ruso e inglés mezclados. Afortunadamente, yo había desarrollado un oído para escuchar lenguas extranjeras porque crecí rodeada de gente que hablaba alemán y me resultaba algo familiar. Me imagino lo que tuvieron que pasar para llegar a Estados Unidos. Igor también era inmigrante, así que también entendía lo que era eso. Fueron días difíciles de adaptación para mí, pero con la gracia y la fuerza de Dios lo superé.

Como he dicho antes, cuando estamos luchando, la mejor manera de superarlo es ayudar a otra persona que también esté luchando. Dios ponía continuamente gente en nuestro camino a la que ayudar y cuidar; desde gitanos a excursionistas, pasando por la gente normal que conocíamos en situaciones familiares o en la iglesia. Actuábamos como los buenos samaritanos, cuando se trataba de darnos a nosotros mismos y lo que teníamos a los demás. ¿No es eso lo que significa ser cristiano? Pronto nos dimos cuenta de que ése no era el camino de quienes nos rodeaban. Los gitanos tenían fama de mentirosos y ladrones; según los buenos consejos de los demás, debíamos mantenernos alejados de ellos, incluso según algunos cristianos. Pero hicimos lo que sabíamos que Dios quería que hiciéramos y no para complacer a los hombres. Abandonando mi vida de autoconsumo y de estrategia excesiva sobre lo que debía hacer o cómo me sentía, poco a poco me fui sintiendo más en contacto con lo que Dios me llamaba a ser, una servidora y su amiga. Necesitaba a Jesús más de lo que podía imaginar. Después de ataques de pánico, miedos, desamores y decepciones en mí misma y en los demás, no hace falta decir que era un caso perdido la mitad del tiempo. Pero en medio de todo el caos empecé a amar a la gente que me rodeaba y la sencillez de mi nueva vida, y empecé a sentir paz de vez en cuando, especialmente cuando me acercaba a Dios. Cuanto más me acercaba a Dios, más se acercaba Él a mí y más paz y fe tenía (Santiago 4:8). Es asombroso como funciona eso, no puedo explicarlo, pero funciona de esa manera. Si vives con miedo o en un gran problema, acércate a Dios. Él intervendrá y hará lo que tú no puedes hacer. Es una promesa a Sus hijos.

Miedo paralizante vs. Amor

"Porque Dios no nos ha dado espíritu de temor,
sino de poder, de amor y de dominio propio".
(2 Tim. 1:7 NVI).

Había muchas viejas costumbres y pensamientos que sanar en

mí. Tuve ataques de pánico desde los trece hasta los cincuenta años. Fue durante esta época de estrés e incertidumbre en mi vida cuando empecé a tenerlos cada vez con más frecuencia. Incluso desarrollé un miedo a tener un ataque, que por supuesto me llevaría a un ataque. Si nunca has tenido un ataque de pánico, es una sensación aterradora que te hace creer que vas a morir, tu corazón late tan rápido que no puedes respirar y te sientes a un respiro de la muerte. En mi caso, oía una y otra vez en mi mente: "vas a morir", lo que lo agravaba todo aún más.

Estos ataques comenzaron algunos años después de la muerte de mi abuelo, con el que me sentía muy unida. Durante mi adolescencia y juventud, cuando iba a un hospital, a una iglesia o a un funeral, sufría un ataque de pánico. No me daba cuenta de que se debían a mis recuerdos de su muerte. Estuve en el hospital la noche de su fallecimiento por cáncer, además de todos los recuerdos de los tres días de velatorio católico alemán arrodillada junto a su cuerpo rezando el rosario. Como nietos, nos pidieron que nos arrodilláramos ante su cuerpo para rezar el rosario; para mí, de niña, era angustioso estar tan cerca de su cuerpo sin vida. No entendía nada de la muerte. Vi a mi madre llorar por primera vez, vi su cuerpo tendido sin respirar, sin vida. Sabía que nunca más podría hablar con él ni sentarme en su regazo, ni pasar el rato con él en su tienda, cosa que hacía a menudo de niña. Estaba destrozada, pero no sabía cómo expresar lo que sentía a nadie, y lo triste es que nadie me preguntó.

En cambio, mi miedo interiorizado a la muerte aparecía en mi vida durante los ataques de pánico y venía con fuerza, en momentos traumáticos de mi vida como cuando me divorcié y perdí la custodia de mi hijastro juntamente con mi marido, o cuando murió un amigo, o tuve que ir al hospital a visitar a alguien o al médico cuando estaba enferma o lesionada. Aparecían implacablemente, sobre todo en situaciones de estrés o cuando me encontraba abandonada y sola. En mi caso, el abandono y la pérdida fueron verdaderos desencadenantes.

Cada persona tiene una causa fundamental de sus miedos. No descubrí la causa fundamental de mis ataques de pánico hasta los cincuenta años, pero Dios me reveló que tenía miedo a la muerte. Me di cuenta que Dios me había dado una promesa de vida eterna y el miedo a la muerte era una mentira que el enemigo había usado para construir una fortaleza en mi mente, durante la muerte de mi abuelo. Cuando aceptamos una mentira en nuestra mente, el enemigo la usará para comenzar a construir una fortaleza que nos mantendrá en un patrón de miedo, fracaso, odio a nosotros mismos, adicciones o una multitud de creencias falsas para paralizarnos y detener el plan que Dios tiene para nuestras vidas. El objetivo final de Satanás es detener nuestro destino y destruirnos.

El apóstol Pablo nos instruye para que nos hagamos cargo de nuestros pensamientos, "derribando argumentos y toda altivez que se levanta contra el conocimiento de Dios, y llevando cautivo todo pensamiento a la obediencia a Cristo" (2 Corintios 10: 5 RVC).

Tuve que aprender que el amor de Dios me había liberado de todo temor, porque Su palabra me ha dado la seguridad de quién soy en Cristo. Debemos tener nuestras mentes transformadas por la Palabra de Dios, que es la verdad. Así que, cada vez que escuchaba las palabras en mi cabeza "vas a morir" en medio de un ataque de pánico, comencé a decir la verdad, de la Palabra de Dios a mí misma y al Enemigo que atacaba mi mente. Tomé cada pensamiento cautivo en obediencia a Cristo. Con el tiempo, cuando sentía un ataque de pánico, podía detenerlo con la verdad de la Palabra de Dios, hablándomela en voz alta y el ataque de pánico duraba sólo un momento o ni siquiera sucedía. Estaba renovando mi mente con la Palabra de Dios.

Mi poder estaba en el nombre de Jesús y en Su Palabra, pero tenía que saber quién era yo en Cristo y aprender a usar esta arma de gran poder para vencer el intento del enemigo de destruirme, de paralizarme y robarme la paz y la alegría del Señor, que es mi fuerza. Estamos investidos del poder del Espíritu Santo, lleno de amor. Cuando Jesús vive en nosotros, se nos da una mente sana. Hemos recibido la mente de Cristo, que nos da todo lo que necesitamos para esta vida.

-13-

CONOCE PERSONALMENTE
A TU SALVADOR

Desarrollar una relación con Jesucristo, nuestro Salvador, es transformador, renovador y revelador. Transformador, porque Él nos transforma limpiándonos de nuestro pasado, paso a paso, convirtiéndonos lentamente en las "nuevas creaciones" que hemos de ser en Él. La intimidad con el Señor es renovadora, por el poder de Su Palabra que borra todas las mentiras del enemigo en nuestras mentes y renueva nuestro pensamiento y nuestro entendimiento de quienes somos. Revelador, cuando Él empieza a descubrir cosas en los rincones oscuros de nuestro corazón y nuestra mente que nos separan de Él y de los demás, acercándonos así más a Él, y empezamos a parecernos cada vez más a Él.

Su amor se manifiesta en nosotros a través de los cambios que se producen a medida que nuestra relación con Él se hace cada vez más profunda. En los peores momentos, Dios puede parecer tan lejano que tenemos que hacer todo lo que esté a nuestro alcance para recordar que no está lejos de nosotros. Puede que no quede claro por cómo nos sentimos o por nuestras circunstancias. Debemos recordar que es un camino de fe, no por la vista o nuestros sentimientos, sino por nuestra confianza en Él, no importa cuán pequeña sea. En ese momento de mi vida, mi fe era pequeña como una semilla de mostaza, pero sabía que mi Dios era grande, y Él siempre me sacaba adelante sin importar cuán grande fuera la montaña.

Durante estas pruebas, aprendí a orar de una manera nueva, con poder y aflicción, perseverando con Su asombrosa gracia. Me aferré a Sus promesas: "Les aseguro que si tuvieran fe tan pequeña como una semilla de mostaza, podrían decirle a esta montaña: "Trasládate de aquí para allá" y se trasladaría. Para ustedes nada sería imposible." (Mateo 17: 20 NVI).

Sus promesas son alimento para nuestras almas hambrientas, las respuestas a muchos de nuestros problemas, y con un poco de fe podemos mover esas montañas fuera de nuestro camino. Fui capaz de mover esta montaña de miedo y pánico de mi vida, a través de las herramientas de mi redención en Cristo. Su nombre, sobre todo nombre, Su Palabra, la verdad contra toda mentira del enemigo, Su sangre, que me limpió de todos mis pecados, y la alabanza y adoración que sentía en mi corazón por Él.

Superando a Través de la Intimidad

El salmista escribió en Salmos 42:1 RVC: "Como el ciervo suspira por los arroyos de agua, así suspira mi alma por ti, oh Dios". Está en profunda angustia y ni siquiera puede comer, anhelando la presencia de Dios, aun cuando los que lo rodean se burlan de él. El versículo 3 continúa: "Mis lágrimas han sido mi alimento día y noche, mientras me dicen continuamente: "¿Dónde está mi Dios?"". Me encanta lo que dice The Passion Translation: "¿Dónde está ese Dios tuyo?

¿Por qué no te ayuda?" Igual que el Enemigo, para burlarse de Dios e intentar que nos rindamos. Pero el salmista se animó recordando cuando entró en la casa de Dios, "con voz de gozo y de alabanza, con una multitud que celebraba una fiesta de peregrinos (los Días Santos)." Encontraba alegría y paz en ir entre otros creyentes a adorar a Dios. En una tierra nueva y extraña, encontré una iglesia y me relacioné con personas de ideas afines y con un amor por el Dios vivo, Jesucristo, esto lo cambió todo para mí. En medio de mis pruebas y dificultades, yo también me acercaba a Dios y Él, a su vez, se acercaba a mí. Sabía que Dios estaba cerca de mí en mi tiempo íntimo con Él porque oía Su voz y Su Palabra se hizo viva y poderosa para mí enseñándome el camino a seguir. Él era la única fuente de consuelo y esperanza a la que podía recurrir.

El salmista habla consigo mismo en el versículo 5: "¿Por qué te desanimas, alma mía? ¿Por qué te inquietas dentro de mí? Espera en Dios, porque aún debo alabarlo". Cuando miramos a Jesús y reconocemos quién es Él y lo que ha hecho por nosotros, a medida que nos adentramos en Su Palabra, empezamos a comprender, incluso con nuestro enfoque humano de Dios, cuánto nos ama. La vida adquiere una nueva perspectiva, cuando damos un giro y nos acercamos a nuestro Salvador en una relación íntima a través de la oración, la adoración y la meditación de Su Palabra. Empezamos a ver la vida de otra manera y, sobre todo, a nosotros mismos y a los demás de otra manera.

Cuando nuestra relación con Jesús se vuelve más íntima, nuestra obsesión por nosotros mismos se vuelve cada vez menos dominante. Jesús enseñó que los primeros serán últimos y los últimos serán primeros en el reino de Dios

(Mateo 19:30; 20:16). Las recompensas del creyente no se darán según las normas del mundo, sino según las normas del Cielo, que no son las que creemos merecer.

El salmista empieza a ver quién es Dios en medio de su dolor y de su corazón atribulado y comienza a orar gritando a Dios sus sentimientos más profundos. El versículo 6 dice: "Dios mío, mi alma está muy abatida. Por eso me acuerdo de ti desde estas tierras del Jordán, desde los montes Hermón y Mizar. Un abismo llama a otro abismo, y resuena la voz de tus cascadas. Todas tus ondas y tus olas pasan sobre mí. Pero tú, Señor, durante el día me enviarás tu gran misericordia, y por la noche tu cántico estará conmigo, con mi oración a ti, Dios de mi vida."

Esta es su oración, una oración de sus quejas a Dios y hablándose a sí mismo en lugar de a Dios, como si sólo se estuviera recordando a sí mismo que Dios tiene esto, si sólo pudiera recordar quién es Dios y que Él es su única esperanza. A veces es todo lo que podemos hacer para recordarnos a nosotros mismos que Dios está a cargo. Si Él realmente es Dios y creemos que Él es quien dice ser, entonces tenemos que confiar en Él y creer que Él hará lo que dice. Su Palabra nos dice Sus promesas y simplemente debemos decretarlas y creerlas. En vez de enfocarnos en lo que el diablo o los demonios están haciendo, es más constructivo mirar todo lo que Dios ha hecho y hará. "Entremos por sus puertas y por sus atrios con alabanzas y con acción de gracias;" (Sal. 100:4). Cuando comenzamos a agradecer al Señor, podemos entrar en Su presencia. En Su presencia es donde los milagros pueden suceder. Cosas imposibles pueden ser removidas del camino milagrosamente.

Puede que estés diciendo que ya lo has intentado, pero que las cosas empeoraron. Bueno, únete al club de los creyentes que han pasado por muchas pruebas y desafíos y las cosas empeoraron antes de mejorar. Pregúntate a ti mismo, ¿todavía alabas a Dios, te acercaste más a Él, te apoyaste en Sus promesas, te regocijaste siempre, contaste todas tus bendiciones y diste gracias en todo y, sobre todo, superaste todo en el tiempo y a la manera de Dios?

Ser un cristiano maduro es lo que todos esperamos lograr y pasar por las cosas difíciles es lo que nos lleva a ese lugar de profundo llamado a lo profundo por mucho que no nos guste. Mi esperanza está en Él, no en mí mismo. Mi mantra es "Menos de mí y más de ti, Jesús". Eso es algo temeroso de decir, porque significa despojarte de todo lo que es cómodo y está bajo tu control para hacer la transición a conocerlo a Él, no sólo de palabra, sino verdaderamente conocer y entender quién es Él. El glorioso resultado de esto es que entonces estamos preparados para darlo a conocer a todos aquellos con quienes nos encontremos. Cuando tengas una revelación de esta verdad, habrás encontrado tu propósito.

-14-

DIOS SABE LA HORA

La Biblia dice que nadie excepto el Padre sabe la hora del regreso de Jesús (Mateo 24:36). El tiempo de Dios es asombroso; Él tiene el control y, sin embargo, tenemos que darle nuestro control para dejarle obrar. Tenemos un papel que desempeñar en el panorama general. Necesitamos ver nuestras propias vidas en una perspectiva más amplia, no sólo en los yo-ismos presentes. Cuando me di cuenta de que esta vida no era mía sino del Señor, comencé a comprender que era una disposición de Dios. El comunismo cayó en 1989; mi hijo Michael nació en 1989; Terminé en Nueva York, indigente y sin esperanza y conocí a Jesús en 1991; y luego conocí a Igor, que estaba a punto de ser llamado a Checoslovaquia para ayudar a su madre. ¿Podría haber planeado todo eso? No me parece. Creo que Dios lo tuvo planeado desde el principio. Incluso cuando vamos por el camino equivocado, Él tiene sus maneras de hacernos volver al camino correcto. Los muchos giros a la izquierda y a la derecha que tomé fuera del camino, por Su gracia, resultaron ser la base para ganar almas y dar testimonios que cambiaron vidas, no solo la mía.

Se nos planteó una enorme tarea en una tierra extraña que

yo no entendía del todo. ¿Alguna vez te has sentido como pez fuera del agua? Entiendo completamente la situación de un inmigrante en una tierra extraña. Tenemos nuestras propias formas de pensar y hacer las cosas desde nuestra educación y cultura, pero cuando nos encontramos en una nueva cultura, se necesita tiempo para adaptarnos y encontrar nuestro camino. Abraham fue llamado a salir de su tierra natal de Ur a una tierra extraña y desconocida (Génesis. 12:1). Obedeció a Dios y fue a un lugar desconocido para él, para hacer cosas por un pueblo que no conocía. Dios consideró su obediencia en fe como justicia y le dio recompensas que nunca podría imaginar.

Y creyó en el Señor, y Él se lo contó por justicia. Y le dijo: "Yo soy el SEÑOR. Yo te saqué de Ur de los caldeos, para darte esta tierra como herencia" (Génesis 15:6-7 RVC).

Cuarenta Años de Comunismo

La ocupación de la granja familiar por el ejército ruso tuvo lugar en 1950. De pequeño, Igor fue testigo de cómo los funcionarios comunistas llegaban al "lugar feliz" de su infancia y ponían sus vidas patas arriba. Lo que antes era una hermosa y próspera granja en la que su abuelo y muchos otros habían trabajado y prosperado durante muchos años, era ahora, según admitía el gobierno, el peor foco de contaminación de todo el país. Lo comprobamos al ver un documental sobre Tri Duby (la ubicación de la granja, traducido "Tres Robles"), nuestra futura herencia, clasificada como el lugar más contaminado del país. Aquel fatídico día de la ocupación, los funcionarios comunistas llevaron una cajita con escarabajos y los sembraron en el silo de almacenamiento de granos y luego acusaron a su abuelo de destruir el grano con plagas. Le ordenaron que sacara todo de sus bolsillos y les entregara todas sus pertenencias, hasta una horca. Aunque aquel día fue espantoso y temible, la madre de Igor tenía una lista de todas las propiedades que se llevaron. Más tarde esto nos resultaría de gran valor porque recibimos el derecho a recuperar todo lo robado en restitución, así que tuvieron que darnos el valor de todo a cambio.

El abuelo de Igor fue condenado a siete años de cárcel por ser un burgués. Al cabo de un año, fue puesto en libertad gracias a los favores hechos a los altos cargos comunistas por el padre de Igor, que fue el primer cirujano plástico y fundador de la cirugía plástica en Checoslovaquia. Tras salir de la cárcel, su abuelo regresó a la granja ocupada por los comunistas para trabajar y esforzarse por ellos y no por su familia, y poco a poco vio cómo el trabajo de su vida se deterioraba hasta convertirse en una granja inoperante. Se vio obligado a buscar lo necesario para su familia en los basureros locales. Él y todo lo que había poseído anteriormente pasaron a ser propiedad del gobierno comunista.

El comunismo no permite la propiedad privada; por lo tanto, todo lo que antes era suyo ahora pertenecía al gobierno. Vivía en una prisión hostil hecha por el hombre, aunque ya no estaba entre rejas. El socialismo es un cáncer que carcome lentamente todo lo bueno y valioso de la vida de sus ciudadanos. He visto de primera mano sus resultados en nuestras vidas y en la gente que nos rodea.

Desde el principio de la ocupación, el abuelo de Igor fue enviado de la casa principal del terreno, que él y su familia ocuparon durante décadas, a las dependencias de los criados.

Era la táctica anticapitalista de los comunistas para demostrar que la clase trabajadora debía ser la clase dominante, por lo que había que rebajar a los ricos como al resto de la población. Aunque esto no cuadraba, cuando los altos cargos del partido comunista vivían en las casas más ricas y tenían mucho más que los trabajadores. Tenían privilegios especiales en todas partes, incluso en las tiendas de comestibles. El "pueblo" tenía que hacer cola durante horas y a veces días para conseguir el más mínimo artículo de primera necesidad y muchas veces, cuando llegaban a la tienda, se encontraban con que las estanterías estaban vacías. Pero la jerarquía lo tenía todo reservado de antemano para cuando lo necesitaran. El plan comunista es una mentira, y lo más triste es que el pueblo no creyó que pudiera dominar a los que lo dirigían en su nación. En consecuencia, se convirtieron en súbditos de este gobierno hipócrita y fueron mantenidos prisioneros durante cuarenta largos años. Hay un tiempo para la paz y un tiempo para la guerra (Eclesiastés 3:8). Al igual que Dios permitió a los israelitas vagar por el desierto durante cuarenta años (Núm. 32:13). Hay un tiempo para todo (Eclesiastés 3:1).

Desesperanza y Desaliento = Poscomunismo

Era impactante ver lo que quedaba después del comunismo en el hermoso país de Checoslovaquia. Todo lo que rodeaba a los habitantes de esta nación poscomunista era gris, se desmoronaba, estaba anticuado y sin esperanza, y aun así tuvieron que aguantar y adaptarse a su desaparición. Durante el régimen comunista, muchos escaparon. Casi tantos como había en el país consiguieron escapar hacia la libertad, aunque muchos murieron en el proceso y muchos fueron ejecutados y encarcelados. Mi marido, Igor, escapó en 1965 a Austria, donde fue detenido y encarcelado durante cuatro meses antes de que le concedieran la amnistía. Con la ayuda de sacerdotes jesuitas con los que vivió durante un año y de Nelson Rockefeller, pudo venir a América. Treinta y cinco años después se enteró de que también había sido a través de un médico amigo de su padre. Su historia también es milagrosa. Creo que Dios había designado el momento exacto para su huida. Escapó del ejército checoslovaco en Praga con un pasaporte falso de un francés que conoció en un festival de arte. Aunque escapó, el francés fue detenido cuando se descubrió que Igor había escapado con su pasaporte. Si Igor hubiera vuelto, lo más probable es que lo hubieran matado o encarcelado de por vida. No era raro que el ejército fusilara a soldados jóvenes, incluso en la misma tierra que iban a heredar. Recibimos testimonios de personas de las aldeas vecinas que dijeron haber visto cómo ocurría esto. Una vez más, Dios tenía un plan y nada podía detener ese plan para la huida y el futuro de Igor. Aunque en ese momento todavía no había conocido a Jesús, Dios lo estaba guiando hacia el plan que estaba escrito en Su libro en el Cielo antes de que estuviera en el vientre de su madre (Sal. 139:16; Jer. 1:5).

Las puertas del infierno no prevalecerán sobre la Iglesia (Mateo 16:18). Dios no está muerto, como a los comunistas les hubiera gustado que la gente creyera. Nada puede detener a Dios. Ni el hombre, ni el desastre, ni la guerra, ni el hambre, ¡ni ningún plan del Enemigo!

Igor todavía no conocía a Jesús como su Salvador, aunque fue criado como cristiano en la iglesia luterana. Conocía a Jesús, pero no tenía una relación personal con Él; como te dije antes, su conversión tuvo lugar en los Estados Unidos. A veces me pregunto si no hubiera venido a los Estados Unidos, ¿se habría convertido en un verdadero cristiano? Como escapó milagrosamente de Checoslovaquia, creo que ese era el plan de Dios. Creo que Dios respondió a las oraciones de sus abuelos y de su madre, que eran cristianas practicantes, incluso durante el comunismo. Cuando su padre abandonó la fe, su hijo recibió las bendiciones de aquellas oraciones. Me habló de su abuela materna, que los domingos volvía de la iglesia a Tri Duby y se sentaba en su cocina a cantar los Salmos durante todo el día. Yo también le he oído cantar los Salmos en algunas ocasiones. No me digan que los padres y abuelos no plantan muchas semillas de fe en sus hijos y nietos con sus propias demostraciones de fe que conducen a la salvación de las almas de sus hijos y nietos con su constante intercesión por ellos. Dios escucha los gritos de nuestro corazón, y no hay nadie más cercano a nosotros que nuestros hijos y nietos. Sigan orando mamá y papá, abuela y abuelo; si no ven la respuesta, está en camino. Dios escucha y responde a su tiempo y a su manera. Tal vez tengan que ir a otra tierra para encontrar a Jesús, pero donde sea y como sea que Dios considere que suceda, permítele tener rienda suelta con tus seres queridos. El relato de la milagrosa conversión y liberación de mi hijo es otro libro en el futuro.

-15-
LAS PRUEBAS DE LA NUEVA VIDA Y LA SANTIFICACIÓN

Dios utiliza cada etapa de nuestro caminar cristiano para matar al yo, a fin de que Él pueda vivir más en nosotros. Él permite que las pruebas de la vida nos santifiquen, conduciéndonos siempre a nuestro destino. Desde que vine a Cristo, he experimentado muchas pruebas a lo largo del camino. Algunas de las pruebas más difíciles comenzaron cuando entramos en territorio enemigo en Checoslovaquia, donde descubrimos que la mentalidad comunista seguía arraigada en la gente y en los funcionarios del gobierno con los que teníamos que tratar casi a diario. Fuimos allí para recuperar el territorio que el enemigo comunista había robado al abuelo de Igor. Muy poca gente conseguía recuperar todas sus tierras sin una gran lucha y sin pasar por millas de trámites burocráticos. Damos gracias a Dios por haber sido de los pocos que lo consiguieron.

En Estados Unidos, en 1989 ya habíamos transferido la mayoría de nuestros datos a bases de datos en ordenadores. Pero en Checoslovaquia, todo seguía en papel, montones y montones de papeles, algunos simplemente apilados en habitaciones desde el suelo hasta el techo, sin ninguna organización. Todo tenía que estar sellado, precintado y atado con cintas, encuadernado en lo que parecía un manuscrito antiguo, con sellos de cera y lazos que lo encuadernaban en un libro de tapa dura. No se encontraba ni se completaba nada sin antes revolver montones de papeles y verificarlos oficialmente. No bastaba con uno o dos viajes a una oficina; eran necesarias múltiples visitas de intentos y agonías para encontrar los mapas y documentos oficiales correctos y, luego, para que todo fuera sellado oficialmente una y otra vez. Para nosotros, extranjeros, que no estábamos acostumbrados al anticuado sistema de los restos del comunismo, era una auténtica pesadilla. Muy a nuestro pesar, pronto descubrimos que esto no iba a suceder rápidamente, ni era posible acelerarlo. Nuestro eslogan oficial para las cosas en aquellos días era: "aquí hay dos velocidades, lenta y más lenta". Simplemente teníamos que aceptarlo.

Por desgracia, la hermosa granja que íbamos a heredar se había transformado en un basurero contaminado de treinta y cinco acres, con un granero restaurado y las otras ruinas, nada más que paredes. La casa de los abuelos de Igor no era más que una plancha de hormigón. Quedaban pequeñas partes de las ruinas de las dependencias de la servidumbre a las que fueron exiliados los abuelos de Igor cuando el ejército comunista se apoderó de las tierras, y lo que quedaba de un silo de granos. Ni hablar de que no era la herencia que esperábamos, pero gracias a un régimen inútil que arruinó tantas vidas y un país entero, esto es lo que nos tocó. Quiero advertir a las generaciones más jóvenes de Estados Unidos: no conseguirán medicina, educación y otras cosas gratuitas del gobierno sin pagar por ello de alguna manera. Cuanto menos intervenga el gobierno en nuestras vidas, mejor, y más libertad conservaremos. Tómalo de mi lección aprendida de primera mano al vivir y ver lo que el socialismo y el comunismo hacen a la gente y a los países. No decidas que es el camino a seguir si no lo has investigado y vivido realmente.

Después de muchos intentos y errores, acabamos acudiendo al Congreso eslovaco, los más altos funcionarios del gobierno del país, para conseguir financiación para limpiar este trozo de tierra que se consideraba oficialmente una de las zonas más contaminadas del país. Igor se imaginaba presentarse personalmente ante el congreso y pedir la ayuda que legalmente nos debían, pero para su sorpresa, al ir a la oficina del gobierno para presentar una queja al congreso, sólo encontró una ventanita negra con una ranura para entregar una petición a alguien a quien no podía ver. Entonces, escribió en un papelito su petición para que limpiaran el terreno, diciendo la verdad, que era un problema causado por el ejército que lo ocupaba, por lo tanto, era responsabilidad de ellos limpiarlo. Milagrosamente, en poco tiempo recibimos la noticia de que el gobierno aceptaba responsabilidad por la limpieza y asignaba millones de coronas para el trabajo a realizar. Se realizó un acto de Dios, teniendo en cuenta que no se esperaba que esto sucediera... ¡Pero Dios!

En los días siguientes se sucedieron múltiples reuniones con altos funcionarios del ejército. Siempre empezaban las reuniones poniéndonos delante un vaso de vodka a las 8 de la mañana, que siempre rechazábamos. Pasamos muchas noches en vela en nuestra pequeña mesa redonda de la cocina discutiendo, planeando y rezando, pidiendo a Dios que apartara los obstáculos del camino para que el trabajo pudiera llevarse a cabo. Esas oraciones fueron respondidas más allá de nuestra imaginación. Nunca subestimes lo que Dios puede hacer; nada es imposible para nuestro gran Dios. Una y otra vez Dios nos mostró su bondad y misericordia.

Esta tierra ocupaba un lugar muy destacado en la memoria de Igor como una hermosa granja en funcionamiento donde creció pasando muchos días de su infancia. Escuché muchas historias de sus aventuras infantiles allí: caerse en el barril de nata intentando probar un poco; ir en bicicleta al balneario local para traer botellas de agua mineral para su abuela; montar en un trineo tirado por caballos en invierno bajo una gran manta de piel de oveja para ir a la iglesia. Recuerdos preciosos que nunca podrían borrarse de su mente, incluso si lo que alguna vez existió ahora eran solo ruinas.

Un poco de historia de la granja: Antes era propiedad de un conde del Imperio austrohúngaro, la compró el bisabuelo de Igor y se la regaló a su hijo, el abuelo de Igor; en la pared de un granero había una placa con la fecha de 1867. Había mucha historia en esta tierra; se estaba liberando de la ocupación del ejército ruso, del ejército checoslovaco y ahora estaba en manos de un eslovaco-estadounidense. Aún estaba por ver qué sería de ella.

La tierra de Tri Duby había sido contaminada por el ejército ruso con combustible de avión que se filtraba por las tuberías subterráneas hasta las aguas subterráneas, toneladas de basura, como residuos médicos, y bidones de aceite y minas y bombas que cubrían treinta y cinco acres llenaban el terreno. Lo creas o no, Igor y su compañero se llevaron las bombas fuera de la propiedad en la parte trasera de un Porsche hasta el aeropuerto, al otro lado de la calle, para detonarlas. Si no lo hubiéramos hecho así, toda la operación se habría detenido y quién sabe por cuánto tiempo. Alabado sea Dios, ¡nunca ocurrió nada! La nueva ocupación fue puesta en marcha por Dios mismo. Era hora de que Igor y yo tuviéramos el control de esta tierra, porque poco sabíamos que Dios tenía un plan inminente para ella. Su tiempo era crucial. Aún no se nos había revelado cómo nos habíamos adaptado al calendario de Dios para nuestro destino.

-16-
CONOCIENDO A JESÚS MÁS ÍNTIMA Y PROFUNDAMENTE

En este caminar con Dios, me he dado cuenta de que se trata de acercarme cada vez más a Aquel que me ama más de lo que puedo imaginar, para poder conocerle. Quiero citar las palabras de Madame Jeanne Guyon, como recordatorio de cómo debemos acercarnos a Dios para conocerle más íntima y profundamente.

Se trata de un extracto de su libro "Experimentar las profundidades de Jesucristo", escrito a finales del siglo XVII:

"Querido hijo de Dios, todos tus conceptos de cómo es Dios en realidad no valen nada. No intentes imaginar cómo es Dios. En lugar de eso, simplemente cree en Su presencia. Nunca trates de imaginar lo que Dios hará. No hay manera de que Dios encaje en tus conceptos. ¿Qué debes hacer entonces? Busca contemplar a Jesucristo mirándole en lo más íntimo de tu ser, en tu espíritu."

Madame Guyon recomendaba rezar las Escrituras como primer nivel para llegar a la presencia de Dios. Con una contemplación profunda de la Palabra de Dios y orándola de nuevo a Dios, uno empieza a sentir la presencia de Dios. Ella dice que después de llegar a Su presencia podemos empezar a entender quién es Él y experimentar las profundidades de Su persona como Pablo anhelaba hacer (Fil. 3:10-11). Su punto es que para conocer a Cristo primero debemos entrar en Su presencia. Aunque, entrar en Su presencia requiere fe. Debemos creer que Él existe y está con nosotros por fe, no por vista (2 Co. 5:7). Si Cristo nos ha dado a cada uno de nosotros una dosis de fe, entonces tenemos suficiente fe para ir más profundamente. Simplemente cree y hazlo.

He descubierto que Dios se vuelve real cuando pasamos por cosas que son imposibles y clamamos sinceramente a Él por ayuda, entonces Él nos responde (Jer. 33:3). Es tan asombroso cómo Él siempre envía la ayuda que necesitamos y se las arregla para hacernos atravesar nuestra propia resistencia a recibir Su ayuda, aunque no sea cómo o cuándo la queremos. Gracias a Dios por su misericordia y su gracia. ¿Dónde estaríamos sin ella? Es tan maravilloso que Él sepa cuán lejos podemos alejarnos de Él y cuánto lo necesitamos para encontrar el camino de regreso. Me encanta cómo Dios obra en nuestro favor. Él no tiene que hacerlo, pero lo hace debido a Su gran bondad y Su asombrosa gracia.

Dios nos Encuentra Allí Donde Estamos

Dios se hizo muy real para mí en mi experiencia en el desierto de Eslovaquia. Puedo decir honestamente que Dios es real para mí porque le he visto obrar y le he encontrado a través de su Espíritu y de su Hijo Jesucristo en mis pruebas. Se necesitan los tres para satisfacer un alma sedienta y un espíritu moribundo. Mi espíritu fue renovado el día que conocí a Jesús, y mi alma comenzó a ser renovada en el proceso de santificación por el que Él todavía me está llevando. No estoy donde quiero estar, pero voy en esa dirección y confío en que Él me llevará allí. Hay días en los que creo que nunca llegaré, pero sigo en camino. Con mi poquito de fe, persevero. El apóstol Pablo dijo: "Hermanos, yo mismo no pretendo haberlo alcanzado ya; pero una cosa sí hago: me olvido ciertamente de lo que ha quedado atrás, y me extiendo hacia lo que está adelante; ¡prosigo a la meta, al premio del supremo llamamiento de Dios en Cristo Jesús!"

Dejando Atrás el Pasado

Había muchas cosas que tenía que dejar atrás para poder seguir adelante. Las cosas del pasado pueden frenarnos o impulsarnos a hacer cosas mejores y más grandes. Se dice: no dejes que tu pasado defina tu futuro. Por desgracia, muchas personas se pasan la vida haciendo eso y nunca alcanzan su destino. Mis dolores y desamores por el rechazo y el abandono eran muchos y estar apartada en el desierto era justo donde necesitaba estar, para permitir que esas cosas dolorosas y difíciles salieran a la superficie para ser sanadas. Cuando ya no pude esconderme detrás de una vida ajetreada, la familiaridad, la comodidad o el orgullo, me volví vulnerable ante Dios y los hombres.

Filipenses 3: 10-11 (La Biblia Amplificada) dice: "[Porque mi propósito determinado es] que yo pueda conocerlo [que pueda progresivamente llegar a conocerlo más profunda e íntimamente, percibiendo y reconociendo y comprendiendo las maravillas de Su Persona más fuerte y más claramente], y que pueda de esa misma manera llegar a conocer el poder que fluye de Su resurrección [que ejerce sobre los creyentes], que pueda compartir Sus sufrimientos de tal manera que me transforme continuamente [en espíritu a Su semejanza incluso] hasta Su muerte, [con la esperanza] 11 de que si es posible pueda alcanzar la resurrección [espiritual y moral] [que me eleva] de entre los muertos [incluso mientras estoy en el cuerpo]. "

Esta es mi meta, como lo fue la del apóstol Pablo y debería ser la de todos los creyentes y verdaderos seguidores de Jesús. Mi propósito determinado es conocerlo y llegar a estar tan íntima y profundamente enamorada de Él que nada pueda separarme de Él.

Después de ir a Eslovaquia, mi mundo estaba patas para arriba; era algo así como estar atrapada en la corriente submarina en el océano y no saber qué dirección era hacia arriba. Aunque seguía luchando contra los ataques de pánico y los miedos, Dios estaba excavando profundamente en las cavidades de mi corazón, donde aún quedaban lugares ocultos por descubrir. Permítanme definir el corazón en términos espirituales. Es el centro de nuestro ser donde residen las emociones, la mente y la voluntad. Nuestro corazón puede ser perverso y engañoso, aunque Dios desea cambiar nuestros corazones y sanarlos.

Tuvimos momentos difíciles con familiares en Eslovaquia, con gente que no entendía quiénes éramos como cristianos y con las oficinas gubernamentales con las que teníamos que tratar casi a diario para lograr nuestro objetivo de recuperar todas las tierras. A veces era muy estresante y ponía a prueba nuestra fe continuamente. Jesús nos da a todos una dosis de fe según las Escrituras (Romanos 12:3); Él es el autor y consumador de nuestra fe (hebreos 12:2); y el Espíritu Santo nos da un don de fe (1 Corintios 12:9). Por lo tanto, tenemos fe, pero todavía tenemos que confiar en el Señor y aplicarla.

La Fe es un Requisito Para Conocer a Jesús

El propio Jesús destacó la importancia de la fe en Marcos 11:22. Dijo: "Tened fe en Dios". "Fe" en griego (pistis) significa convicción, seguridad, confianza, creencia, dependencia, confiabilidad y persuasión. "Es el principio divinamente implantado de convicción, seguridad, confianza y seguridad en Dios y en todo lo que Él dice" (Nueva Biblia de la Vida Llena del Espíritu).

Nuestra fe nace del oír la palabra de Dios, Romanos 10:17 (AMP): "Así que la fe viene por el oír [lo que se dice], y lo que se oye viene por la predicación [del mensaje que salió de los labios] de Cristo (el Mesías mismo)". Cuando oímos la palabra de Dios trae entendimiento y revelación de la verdad y la fe nace por lo que hemos oído y creído.

Somos salvos por gracia a través de nuestra fe. Efesios 2:8 (AMP): "Porque por gracia gratuita (el favor inmerecido de Dios) sois salvos (librados del juicio y hechos partícipes de la salvación de Cristo) mediante [vuestra] fe. Y esto [la salvación] no viene de ustedes [de su propia obra, no vino a través de su propio esfuerzo], sino que es el regalo de Dios".

Sabiendo que Jesús es el Hijo de Dios, a través de Su Palabra

Dios Padre mismo declaró que Jesús era Su Hijo, llamándole Hijo de Dios (Mateo 3:17; 17:5; Marcos 1:11; 9:7; Lucas 3:22; 9:35).

Pedro, el apóstol, estaba allí en el monte alto con Jesús, Santiago y Juan, cuando el Padre les habló en voz audible, declarando: "Este es mi Hijo amado; estoy muy complacido con él. ¡Escúchenlo" (Mateo 17:5 NVI)

Pedro declaró más tarde al pueblo que Jesús era el Hijo de Dios. "Porque, cuando les hicimos saber que nuestro Señor Jesucristo vendrá con todo su poder, no lo hicimos siguiendo fábulas artificiosas, sino como quienes han visto su majestad con sus propios ojos. [17]Pues cuando él recibió de Dios Padre la honra y la gloria, desde la magnífica gloria le fue enviada una voz que decía: "Éste es mi Hijo amado, en quien me complazco". [18]Y nosotros oímos esa voz que venía del cielo, mientras estábamos con él en el monte santo."

La fe de Pedro nació porque oyó la voz de Dios que le hablaba. Vio Su gloria como una nube en la cima de la montaña. La profecía de Cristo fue experimentada personalmente por él. Esta misma experiencia nos tiene que suceder a nosotros cuando oímos las palabras que Jesús pronunció cuando vino a la tierra; cuando comprendemos las muchas profecías cumplidas en Su vida, muerte y resurrección. Debemos escuchar de Él personalmente como Pedro lo hizo, entonces podemos creer.

Recuerdo que, durante un llamado al altar en nuestra iglesia, un joven de nuestro grupo de jóvenes que siempre se metía en problemas y tenía una vida familiar difícil sin un padre, vino a mí después del servicio y me dijo que Dios lo había tocado esa noche. Le pregunté cómo había sucedido. Dijo que literalmente sintió que una mano le había tocado en la espalda y cuando se dio la vuelta no había nadie allí. Se dio cuenta de que era Dios. Nunca antes había asistido a nuestro servicio religioso, pero bastó esa noche para que Dios se hiciera real para él. Después de escuchar la palabra de Dios, se acercó a Dios y Dios se acercó a él. Jesús se hizo real para él y nadie puede quitárselo. Eso es lo que me ha sucedido una y otra vez y cada vez que sucedía mi fe crecía un poco más y Jesús se acercaba más a mí.

Nuestra fe viene de oírle y creer lo que oímos. Fe es un sustantivo, creer es un verbo. Debes creer para tener fe.

Conocer a Cristo a Través de la Fe Lleva a Experimentar su Presencia

"Practicando Su Presencia" del hermano Lawrence dice: "Para conocer a Dios, debemos pensar con frecuencia en Él; y cuando lleguemos a amarlo, entonces también pensaremos en Él con frecuencia, porque nuestro corazón estará con nuestro tesoro." Para pensar en Él, primero debemos creer que Él existe. Algunas personas se perderán por completo todo lo que Dios tiene para ellos, simplemente porque no creen que Él existe.

La fe viene por escuchar. Una de las pruebas más seguras que tenemos de que Dios existe es Su Palabra. Debemos leer y escuchar las Escrituras con nuestros ojos y oídos espirituales abiertos para conocer y creer en Jesús, nuestro Redentor. Lo que sigue es una demostración de nuestra fe. Comenzaremos a pensar en Él, oraremos a Él, lo adoraremos y lo amaremos con todos nuestros corazones, mentes y almas. Entonces comenzaremos a caminar en justicia, que es ser una epístola viva de Cristo. Se dice que Francisco de Asís dijo: "Comparte el Evangelio en todo momento, si es necesario, usa palabras."

Job tuvo un largo discurso con Dios sobre quién era Él (Job 37-42). Finalmente, le dijo a Dios: "Yo había oído hablar de ti [sólo] con el oído, pero ahora mi ojo [espiritual] te ve" (Job. 42:5 AMP). Esto fue lo que llevó a Job a arrepentirse y a conocer verdaderamente a Dios (42:6). Cuando nos encontramos con Jesús, siempre nos lleva al arrepentimiento. Él es la Luz del mundo y expondrá la oscuridad que hay en nosotros, cuando nos encontremos con Él.

Dios me llevó al desierto para escuchar Su voz hablarme y guiarme a la verdad, revelando las mentiras que yo creía, y cambiando mi mente mediante la limpieza y el lavado de Su Santa Palabra. Mi fe creció poco a poco mientras encontraba a mi Salvador y lo hacía el Señor y el Maestro de mi vida. Cuando todo aquello de lo que podía depender me fue quitado, mi siguiente línea de esperanza era Jesús. Si realmente creía en Su Palabra, entonces tenía que actuar como tal y confiar en Él con todo lo que tenía dentro de mí. Él tenía que ser todo y todo para mí. Mi relación tenía que convertirse en algo más que un encuentro mínimo con Él; tenía que convertirse en un encuentro a tiempo completo con cada respiro que daba. Lo que se interponía en el camino tenía que ser eliminado y yo tenía que ponerlo a Él en primer lugar. Necesitaba un cambio en mi corazón.

Es algo impresionante estar en la presencia del Señor y escuchar Su voz, pero nada sucede a partir de esa experiencia a menos que cumplamos lo que Él dice que hagamos. A veces Él tiene que darnos un codazo para que nos movamos en la dirección que Él nos está enviando. Mi empujón vino a través del dolor y las penas, la ira y la lucha, llegando a un punto en mi vida que no podía negar por más tiempo que necesitaba sanidad en mi corazón si quería vivir la vida victoriosa por la que Cristo murió. Si yo, como cristiana madura, tengo la necesidad de que mi corazón herido sea sanado, me pregunto a cuántos cristianos les falta esa vida. Cristo vino a sanar a los quebrantados de corazón. Leyó Isaías 61:1 en el templo; poco sabían que estaba declarando que esta profecía se había cumplido en Él.

"El espíritu de Dios el Señor está sobre mí. Sí, el Señor me ha ungido; me ha enviado a proclamar buenas noticias a los afligidos, a vendar a los quebrantados de corazón, a anunciar libertad a los cautivos, y liberación a los prisioneros;"
(Isaías 61:1 RVC).

Él vino a hacer muchas cosas, pero en lo que me quiero enfocar es en la sanidad de los corazones rotos. Me había dado cuenta de que después de todos estos años de ser cristiana mi corazón todavía necesitaba sanidad, porque había sido partido una y otra vez en mi vida y sigue siendo partido hoy pero por la gente que no tiene un Salvador. Yo no era libre para recibir la vida abundante que Jesús nos prometió (Juan 10:10). Yo no era victoriosa sobre los asaltos del diablo a través de relaciones o circunstancias en mi vida. Seguía cargando heridas y sólo sabía una cosa, tenía que llegar a su fin, porque Jesús vino a la tierra por mi victoria y murió y resucitó para darme vida abundante, para liberarme, para restaurar mi alma y para sanar mi corazón.

En mi viaje a los lugares rotos de mi corazón, me di cuenta de que era el problema con la mayoría de los cristianos. Les faltaba lo que Jesús había prometido, por lo que había muerto, y lo único que necesitaban era un corazón sanado. No se daban cuenta que el corazón era el centro de todo, y que estamos en guerra por nuestros corazones con Satanás y sus emisarios. Jesús vino a sanar corazones, porque todos sufrimos de un problema del corazón que necesita ser arreglado. Cuando clamé a Dios para que mi propio corazón fuera sanado y empecé a ver que no era sólo mi corazón el que Él quería sanar, sino todos los corazones rotos y que éste era el eslabón perdido para una vida victoriosa con Cristo; se convirtió en mi pasión experimentar mi propia sanación y la sanación de los demás.

-17-
EL CORAZÓN ES EL CENTRO

Si comenzamos a ver el valor y la importancia de nuestro corazón en nuestro caminar con Dios, comenzará nuestro viaje hacia la libertad. Dios dice mucho acerca de nuestro corazón en Su Palabra. Es un asunto central en nuestra relación con Él y en nuestra relación con los demás. Comencé a mirar las Escrituras que declaran que el corazón es un asunto importante para Dios.

Volviendo al principio de la creación, tenemos que reconocer que Dios ha puesto en el hombre un corazón perfecto. Después de que Adán y Eva fueron creados, Él miró todo lo que Él había creado y dijo, "era muy bueno." No solo bueno, sino "muy bueno" (Génesis 1:31 RVC). Su mayor creación fue el hombre y la mujer y se había completado y fue "muy bueno." Eso nos dice que nuestros corazones son buenos y que somos buenos. Demasiados Cristianos se atascan en que somos pecadores salvos por gracia y creen que todavía son pecadores el resto de su caminar con Dios. Eso no significa que todavía no pequemos, aunque no queramos, pero se nos ha dado una nueva naturaleza, la naturaleza de la primera Creación. Somos una nueva creación en Cristo, cuando hemos recibido a Cristo en nuestros corazones (2 Corintios 5-17).

¿Eres una nueva creación o sigues siendo el viejo pecador no regenerado que no puede obtener la victoria en Cristo que se le prometió? Jesús dijo: "Nadie pone un pedazo de tela sin remendar en un vestido viejo; porque el remiendo se desprende del vestido, y la rotura se hace peor. Ni echan vino nuevo en odres viejos, porque se rompen los odres, se derrama el vino y se estropean los odres. Pero se pone vino nuevo en odres nuevos, y ambos se conservan" (Mateo 9: 16-17).

Me encontraba en un nuevo entorno en Eslovaquia, con gente nueva, una nueva cultura, cada día se producían nuevos comienzos; Dios también estaba formulando nuevos comienzos en mí. Cuando me alejaron de todo lo que me era familiar, en cierto sentido fue un despojo de lo viejo en mi vida. Se estaban formando odres nuevos. Tenía que sincerarme conmigo misma y con Dios, no podía correr a las viejas comodidades que tenía antes. Hubo tiempo para pensar, orar y buscar a Dios y el Señor comenzó a hacer una obra en mí para sacar a la luz cosas ocultas en mi corazón; lo hizo haciendo inoperantes todas mis viejas costumbres. Nada de lo que conocía funcionaba donde yo estaba. Me sentí humilde e impotente. A veces, Dios necesita permitir que nos debilitemos a través de las circunstancias, para que Su fuerza pueda perfeccionarse en nosotros (2 Corintios 12:9). No podía correr al teléfono y llamar a mi compañera de oración, no podía ir a mi iglesia y pedir oración, no podía salir y trabajar en mi jardín para liberar el estrés; todas mis formas de lidiar con mi dolor o estrés eran inoperables en esta tierra extraña.

Un nuevo creyente en Cristo no puede quedarse con el viejo corazón y esperar que Él habite allí. Jesús quiere habitar en nuestros corazones, no sólo venir y visitar de vez en cuando, pero Él tiene que tener un lugar entero, nuevo y sanado para habitar. Por eso vino a sanar a los quebrantados de corazón, para poder entrar y vivir. Él llama a la puerta de nuestros corazones y quiere que respondamos y le demos la bienvenida, para que pueda estar en comunión e intimar con nosotros (Ap. 3:20). Alguien dijo una vez que la puerta de nuestro corazón a la que Dios llama tiene un picaporte sólo en la parte de adentro. En otras palabras, nos corresponde a nosotros abrirla; Él sólo llama.

Permanecer en Cristo significa permitirle quedarse y tomar residencia allí. Si te mudas a una casa vieja y rota, primero quieres arreglarla para que puedas vivir allí. Eso es lo mismo que Jesús quiere hacer, Él quiere arreglar nuestros viejos corazones rotos, para que Él pueda vivir allí. Es el lugar central para Su residencia. Todo regresa a este lugar y fluye desde allí. Los asuntos de la vida fluyen desde nuestro corazón. "Por sobre todas las cosas cuida tu corazón, porque de él mana la vida." (Proverbios 4:23). "Guardar" tu corazón significa guardarlo, protegerlo de los ataques del demonio, de los abusos y de las heridas de la vida, porque de él sale nuestra vida misma. "Los asuntos de la vida" significa que la fuente de la vida misma viene de nuestro corazón. Esto es muy importante para una persona que está herida y con el corazón roto. ¿Estás empezando a ver lo importante que es tener un corazón sano? Jesús no dijo que vino a poner una curita en los corazones rotos. Usted puede haber estado poniendo curitas sobre su corazón por años, a través del alcohol, las drogas, la terapia, o alguna otra fuente de consuelo o escape que nunca llega a la raíz del problema. La medicación, un cambio de trabajo, de pareja, de lugar o incluso de aspecto no le ayudarán de forma permanente. Nada de esto funciona a menos que el Sanador, Jesucristo, venga y se encargue de los lugares lastimados y remueva las mentiras y acuerdos que hemos hecho con el diablo, acerca de quién eres en tu nueva vida en Cristo. La versión Reina Valera dice, El vino a "poner vendas". Cuando un bebé recién nacido viene al mundo, lo envolvemos en pañales, para que se sienta seguro como cuando estaba en el vientre de su madre. Ellos necesitan saber que están cuidados y seguros, así como nuestro corazón necesita sentirse seguro cuando venimos a Cristo. Necesitamos saber que Él va a envolvernos con Sus brazos y protegernos, cuidarnos, nutrirnos, calmarnos y arreglar cada lugar roto de nuestras fracturadas experiencias de vida. Él es nuestro Sanador.

¿Cómo empieza Él a hacer eso? El levanta un velo de nuestros ojos, para que podamos ver la verdad de quiénes somos, para que podamos caminar en libertad. "Pero siempre que una persona se vuelve [en arrepentimiento y fe] al Señor, el velo es quitado. Ahora bien, el Señor es el Espíritu, y donde está el Espíritu del Señor, allí hay libertad [emancipación de la esclavitud, verdadera libertad] (2 Corintios 3:16-17 AMP).

Dios nos Promete un Nuevo Corazón

Ezequiel 36:26 declara que a los israelitas se les dará un nuevo corazón y un nuevo espíritu, cuando el remanente esté con Cristo. "Os daré corazón nuevo, y pondré espíritu nuevo dentro de vosotros; y quitaré de vuestra carne el corazón de piedra, y os daré un corazón de carne" (AMP). La limpieza de su corazón y espíritu era necesaria para que ellos pudieran caminar en obediencia a Dios, después de que habían fallado en hacerlo. Dios dijo que haría esto por amor a Su nombre, porque ellos habían profanado Su nombre (Ezequiel 36:23).

Estamos injertados en el árbol de Israel, y se nos han dado estas mismas promesas a través de Cristo, el Mesías, que ya ha venido (Romanos 11:17, 19). Vivimos y reinamos con Él ahora cuando vive en nuestros corazones y viviremos y reinaremos con Él también en la tierra nueva, con nuestros nuevos cuerpos glorificados, corazones y espíritus perfectos. ¿Cómo entonces podemos esperar tener un corazón perfecto aquí? Se dice que David tenía un corazón perfecto ante los ojos de Dios. ¿Significaba eso que no tenía heridas o que no pecaba? Absolutamente no, el pecó y fue grandemente herido, pero siempre regresó a Dios para su sanidad. La unción de Dios en nuestras vidas, como en el caso de David, a menudo está impregnada de dolor, sufrimiento, pruebas y tribulaciones. Dios las utiliza como barómetro de nuestros corazones. Como manejamos lo que pasamos le dice a Dios mucho acerca de nuestros corazones. Necesitamos recibir sanidad en nuestros corazones y saber que Dios tiene todo lo que se nos ha hecho o dicho que se ha convertido en una herida cubierta por Su sangre. La sanidad está disponible para todos los creyentes, pero debemos venir rápidamente a Él como lo hizo David. Los salmos de David nos dicen como Él vino al Señor por la sanidad de su corazón quebrantado. "Al ver esto, los oprimidos se alegrarán. Busquen a Dios, y vivirá su corazón;" (Sal. 69: 32 RVC).

Necesitamos que el Espíritu Santo nos guíe y nos dé poder, que purifique nuestros corazones mediante la fe en Cristo. Pedro habló a sus hermanos judíos acerca de los gentiles a los que fue enviado: "Así que Dios, que conoce el corazón, los reconoció dándoles el Espíritu Santo, como a nosotros, y no hizo distinción entre nosotros y ellos, purificando sus corazones mediante la fe" (Hechos 15:8-9). Los gentiles eran incircuncisos; Dios los aceptó también a ellos, para que todos pudieran tener un corazón purificado y todos los quebrantamientos pudieran ser sanados, cuando vinieran a Jesús y recibieran el Espíritu Santo.

Dios estaba haciendo de mí lo que Él quería que yo fuera. Mi trabajo consistía en comprender cuánto me amaba y permitirle vivir en mí con todos mis defectos, heridas, fracturas y dolor, confiando plenamente en que me convertiría en un odre nuevo y me llenaría de Su Espíritu para cumplir mi destino.

No descartes lo que Dios está haciendo en tu corazón y en tu vida a través de las pruebas y el dolor que puedas estar atravesando en este momento. Él tiene un gran final para tu historia. Está escrito en el libro sobre ti en el Cielo (Salmos 139:16), y Él desea más que nada que lo cumplas. Todos necesitamos Su ayuda para llegar al final del libro. Deja que Él obre en ti de la manera que necesite para cumplir Su voluntad. Esta ha sido una gran parte de mi viaje hacia la intimidad con Jesús, que Él te de la gracia que necesitas para resistir los ataques del Enemigo y ser más fuerte en Su poder y la fuerza del Espíritu Santo.

-18-

ENCUENTROS CON ÁNGELES

Conocía la existencia de los ángeles, porque la Biblia nos habla de estos seres creados por Dios que actúan como mensajeros de Él, guerreando por Él y ministrando a Sus siervos, como hicieron con Jesús mientras agonizaba en oración, sudando sangre en el Huerto de Getsemaní. El ángel Gabriel vino a María para anunciarle el nacimiento de su hijo, Jesucristo, que sería el Mesías (Lucas 1:30-31). El arcángel Miguel acudió en ayuda de Daniel, en guerra con el príncipe de Persia, para que sus oraciones fueran escuchadas en favor de Israel (Daniel 10:12-13).

Una noche, mientras estaba en la cama de nuestro apartamento de Bratislava, me despertó una luz brillante que estaba junto a la cama. Tenía la forma de un ser de luz que parecía tener alas y una larga cabellera. No pude ver los detalles, sólo la forma, como una luz blanca, brillante y resplandeciente. En cada relato de alguien que se encuentra con un ángel en la Biblia, se paralizan de miedo hasta que el ángel dice: "No temas, soy enviado de Dios". Eso es exactamente lo que me ocurrió a mí. Estaba aterrorizada y me sentía paralizada sin poder moverme ni hablar. Entonces oí aquellas palabras: "No temas, he sido enviado por Dios". Mi corazón latía con fuerza; pensé que me daría otro ataque de pánico, pero gracias a Dios no sucedió. Además, estaba tan hipnotizada por la presencia de aquel ser asombroso, que en efecto había sido enviado por Dios para darme un mensaje, que me quedé helada. No puedo revelar cuál era ese mensaje porque era personal y aún no lo he visto completamente cumplido, pero está en proceso, incluso mientras escribo estas palabras veinticinco años después.

Algún tiempo después, me despertaron de nuevo por la noche y sentí la presencia del poder y la gloria de Dios en la habitación. Volví a tener miedo. Si no tenemos el temor de Dios en nosotros, no lo conocemos. Dios debe ser temido, porque Él es el poder más asombroso e impresionante que jamás encontraremos. Él tiene el poder de destruir, de crear, de sanar, de resucitar a los muertos, de cambiar las cosas imposibles en nuestras vidas y en los universos. Él es Dios en el cielo y puede hacer lo que le plazca (Salmo 115:3).

De repente oí la vocecita del Espíritu Santo que me hablaba y me decía que me iba a dar un corazón nuevo. Entonces vi en una visión una mano que se extendía hacia mí y descansaba en ella lo que parecía un perfecto corazón de carne. Mi viejo corazón de piedra con todas sus heridas y cicatrices estaba siendo reemplazado por la mano de Dios. Empecé a llorar y a decirle al Señor lo mucho que le amaba y me invadió una paz que se llevó todos mis miedos, y luego me dormí profundamente. Creo sinceramente que formaba parte del proceso de transformación por el que Dios me estaba llevando. Se me reveló como un Dios bondadoso, amoroso y poderoso, que quería hablarme personalmente y transformarme en esa nueva creación en Cristo, según Su promesa a todos los que creen. Estos encuentros son tan claros hoy en mi mente como el día en que ocurrieron hace más de veinticinco años. También tuve otros dos encuentros con ángeles en Eslovaquia central algunos años después, en nuestro apartamento de allí, y vi a un ángel como humano en nuestro terreno de Tri Duby. Los ángeles son seres creados que Dios utiliza para ayudarnos, protegernos y enviarnos un mensaje suyo. Estoy muy agradecida por los encuentros que he tenido y rezo por tener más. Por encima de todo, nunca he estado más decidida a conocer a Dios y a estar íntima y profundamente enamorada de Él. A veces utiliza ángeles para revelarse a nosotros. Puede que algunas personas no crean lo que acabo de compartir, pero no importa; ¡Fue mi experiencia y lo creo! Oro para que tú también tengas esos encuentros. Nadie está exento de experimentar a Dios de una manera más profunda, si tan sólo lo deseas y comienzas a buscarlo más. Él puede usar un ángel para hacerlo.

-19-

AUMENTANDO EL FUEGO REFINADOR

Cuando un orfebre refina la plata, calienta el metal precioso tanto que se funde y, en su forma líquida, la escoria o lo malo flota en la superficie para que el orfebre pueda retirarlo. Lo hace una y otra vez. Sabe que está purificado cuando puede mirarlo y ver Su reflejo. El fuego refinador de Dios viene en cualquier forma que sea necesaria para eliminar la escoria en nosotros, para purificarnos y hacernos más y más como Jesús. Estoy agradecida de haber tenido pruebas con fuego que sacaron a la superficie las cosas ocultas y las cambiaron por encuentros profundos con Dios, porque me cambiaron para siempre.

En el proceso de conocer a Dios y lo mucho que nos ama, nos encontramos con lo que somos, y muchas veces no nos gusta lo que vemos: la escoria se pone fea. Eso fue cierto para mí. Odio admitirlo, pero estaba llena de orgullo y pensaba que podía hacer todo por mí misma, sin la ayuda de Dios ni de nadie más. Que error es ese, porque será puesto a prueba en las pruebas de la vida. A medida que la palabra de Dios limpia nuestro carácter, nos convertiremos en un vaso acabado para la gloria y el honor de Dios. Mi corazón era engañoso y perverso, mi mente necesitaba ser cambiada, mi voluntad no estaba alineada con la de Dios, y mi enfoque no estaba completamente en Él. El refinamiento con fuego se iba a calentar aún más.

Dios no tiene nada que ver con todas las cosas malas que le ocurren a la gente. Algunas cosas las provocamos nosotros mismos con decisiones equivocadas, otras son ataques demoníacos, y como vivimos en un mundo caído, ocurren cosas malas, pero Dios las cambiará para nuestro bien (Romanos 8:28). Ciertamente no era lo que Dios quería que sucediera. Después del pecado de Adán y Eva, Dios dio permiso al mal para que actuara en el mundo. A los buenos cristianos les pasan cosas malas, porque somos el archienemigo del diablo y, a veces, cosechamos lo que sembramos de nuestro pasado. A veces parece tan injusto que a la gente mala no le pase tantas cosas malas como a la gente buena, pero su día llegará, si no aquí después de que dejen este mundo. Dios es soberano. La Escritura dice que el sol brilla sobre buenos y malos y llueve sobre justos e injustos (Mateo 5:45). Dios no ve como nosotros las cosas que llamamos malas. Él ve todo como una oportunidad para que crezcamos y nos acerquemos a Él, para que confiemos en Su ayuda y recibamos Su amorosa bondad hacia nosotros. Toda enfermedad viene del diablo o de nuestra naturaleza caída, la hayamos causado nosotros mismos o no. Todo lo bueno viene de Dios, y lo malo viene del diablo (Santiago 1:17). Dios ciertamente no causa las cosas malas, pero Él está con nosotros a través de todas y cada una de ellas.

"Aunque ande en valle de sombra de muerte, No temeré mal alguno, porque tú estarás conmigo; Tu vara y tu cayado me infundirán aliento."
(Salmos 23:4 RVR1960).

Dios ve nuestras pruebas como oportunidades para afinarnos, para templarnos, para cambiar nuestro carácter para ser hechos más a Su imagen, para lo cual fuimos creados, para ser más y más a Su semejanza. Muchas de estas cosas que vienen contra nosotros son creadas por nosotros mismos, algunas por los demonios que nos rodean, y algunas por circunstancias fuera de nuestro control. Sin embargo, en todas estas cosas Dios sigue ahí, sigue siendo soberano, y sigue siendo el mismo de siempre. Él todavía promete convertir en algo bueno todo lo que trata de destruirnos, porque lo amamos y hemos sido llamados para Su propósito (Romanos 8:28).

En el proceso del trabajo que teníamos que hacer en Eslovaquia, Dios no sólo estaba logrando milagrosamente las cosas que necesitábamos hacer con respecto a las tierras, sino que también estaba trabajando en nuestro carácter para cambiarnos a Su imagen. Encendiendo fuegos a nuestro alrededor, enseñándonos a apagarlos como Él lo haría, y dándonos valor y gracia para atravesar cada prueba. Puedo decir honestamente que Él me dio un nuevo corazón; un corazón de compasión que desvió mis ojos de mí misma hacia la gente a mi alrededor que necesitaba a Jesús.

Un misionero es enviado, pero Dios tiene que hacer el trabajo a través de ellos dondequiera que los envíe. Si fui enviada para mostrar a Jesús a la gente, ellos necesitaban ver a Jesús en mí, y eso es lo que necesitaba ser revelado en mí a través del fuego refinador de la adversidad. Esta era mi tarea, dejar que Él me cambiara, aprender a trabajar desde Su amor, no para Su amor. Yo era amada y necesitaba saber cuánto me amaba Él, y no importaba quién era yo antes o qué residuos tenía todavía en mí para ser limpiada y purificada. Su amor permaneció, siempre estuvo ahí, y permanecerá para siempre. Necesitaba una revelación de cuánto me amaba Dios para poder cumplir el primer mandamiento: "Amarás al Señor tu Dios con todo tu corazón, y con toda tu alma, y con toda tu mente." (Mateo 22: 37 RVC).

-20-

SABER QUE DIOS TE AMA Y CORRESPONDERLE CON AMOR

Lo diré nuevamente: una de las cosas más importantes que experimentamos en el cristianismo es que Dios nos ama. Tuve que crecer en esta verdad. La Palabra de Dios nos dice que Dios nos ama (Juan 3:16), que Dios es amor (1 Juan 4:8), y sin embargo por mi quebrantamiento y la incertidumbre de que alguien me amaba, era difícil entender que Dios me amaba a mí. Las personas suelen frustrarse mucho con los demás, porque los tratan mal y dicen que los quieren, pero están lejos de demostrarlo. Sólo cuando me di cuenta de que nadie era realmente capaz de amar de verdad hasta que se reconectaran con Dios, que es amor, lo entendí. Eso es tener una relación verdadera con Dios, nacer de nuevo, recibir Su espíritu y reconciliarse con Él, después de haber nacido en el mundo con el pecado de Adán.

Ese día en la iglesia en que conocí a Jesús, fue sólo el primer paso para nacer de nuevo. Fui atraída por Su espíritu y paso a paso fui cambiada y hecha nueva, al conocerlo y aceptarlo como mi Señor y Salvador. Estaba determinada a seguirlo, y Él puso un hambre en mi por Él y Su palabra, así que estaba siendo transformada día a día. A medida que aceptaba el amor de Dios por mí y me acercaba más y más a Él, era capaz de amarle a Él y amar a los demás con Su compasión, misericordia y gracia, que eran dones gratuitos para mí y para todos los que creen. Aún hoy sigo aprendiendo esto. Cada día me doy cuenta de Su gran amor por mí, y me hace llorar una y otra vez cuando le adoro y entro en Su presencia.

Saber cuánto nos ama Dios también nos permite cumplir el segundo mandamiento más importante de Dios: "Amarás a tu prójimo como a ti mismo" (Mateo 22:39). Jesús dijo: "Éste es mi mandamiento: Que se amen unos a otros, como yo los he amado" (Juan 15:12 RVC).

Cuando conocemos el amor de Dios y podemos amarle y amar a los demás, hemos cumplido nuestro propósito. Todo lo que hagamos a partir de ahí será conforme a la voluntad de Dios, como si Él lo hiciera a través de nosotros; ya no somos nosotros los que vivimos, sino que es Él quien vive en nosotros (Gal. 2:20). No podemos trabajar por amor a Dios, para intentar demostrar que le amamos o recibir su aprobación y amor, sino que sólo podemos hacer buenas obras si sabemos que Él nos ama. En última instancia, no somos nosotros los que hacemos nada, sino Él obrando a través de nosotros. Jesús dijo en Juan 15:5 que no podemos hacer nada sin Él. Podemos entonces amarlo libremente a Él y a los demás y nuestras obras vendrán de un lugar de amor, del corazón de Dios hacia los demás. La compasión de Dios es lo que tiene que fluir a través de nosotros para que otros vean a Jesús en nosotros. Desde Su amor y compasión, sanó a los enfermos, alimentó a las multitudes hambrientas y resucitó a los muertos. Recé esta oración, *"Señor, no sólo envíame, sino cambia mi corazón por el tuyo para que pueda amar como tú amas."*

Amar a los que No son Dignos de Amor

Amar a los que no son dignos de amor ha sido el denominador común de nuestro ministerio con los pobres, los necesitados, los marginados, los enfermos mentales, los deprimidos, los de corazón roto, los adictos, los enfermos, los encarcelados y los desvalidos. En todas nuestras tareas como administradores de la tierra, nos encontramos con todo tipo de personas que puedas imaginar. Dios las trajo a nuestra vida sucesivamente para que les ministráramos y amáramos como lo hizo Jesús. Cuando Su amor está en ti, es fácil, pero la gente lo hace difícil, porque no siempre aceptan el amor o cambian en el proceso de la manera que queremos. A menudo digo que la vida sería genial si no fuera por la gente, riéndome después, por supuesto. Nosotros somos el problema la mayor parte del tiempo, y por eso necesitamos a Jesús.

Cuando pienso en amar a los que no son dignos de amor, a menudo pienso en una gitana llamada Sylvia, que me puso a prueba más que nadie. Un día estaba sentada en el parque del centro de Eslovaquia donde vivíamos entonces. Tenía mi Biblia en la mano, mientras mi hijo Michael jugaba, cuando Dios me dio una muy buena lección sobre amar a los que no son amables. Una pequeña gitana de ojos, pelo y piel oscuros se acercó tímidamente a sentarse a mi lado. Detecté que era algo tímida y temerosa.

Estaba leyendo la Biblia y observando a mi hijo Michael, de cinco años, que jugaba en el parque infantil. En nuestra pequeña conversación con mi eslovaca rota, descubrí que se llamaba Sylvia y que llevaba con ella a un niño de unos cuatro años, que era su nieto llamado Tino. No quería separarse de él. El niño quería jugar con los otros niños, pero ella no le dejaba. Me preguntó qué estaba leyendo. Le dije: "La Biblia". En mi eslovaco roto le hablé de Jesús, y ella respondió enseguida. Casi al instante se echó a llorar y me dijo que no tenía nada para dar de comer a su nieto Tino. Pude ver que era una persona muy herida. No conocía toda la historia, pero podía ver que necesitaba el amor de Dios. Le insistí en que dejara a Tino ir a jugar con mi hijo Michael, y finalmente lo hizo a regañadientes. Entonces le pregunté si podía rezar por ella. Volvió a llorar mientras rezaba por ella; sabía que el Espíritu Santo la había tocado. No sabía a dónde nos llevaría este primer encuentro en nuestra relación; Dios estaba a punto de enseñarme acerca de Su amor ágape. A veces, Dios nos envía a alguien que el mundo considera antipático para enseñarnos a amar a los demás como Él nos ama.

Para la sociedad y el mundo, Sylvia era una persona antipática. Tenía todas las cartas en su contra. La primera queja era que era gitana, la escoria de la tierra en Europa. Los gitanos eran conocidos como ladrones, mentirosos, mendigos, estúpidos, sucios, incultos, lo que fuera, tenían la etiqueta. También era mujer, viuda, abuela soltera y desempleada. No había muchas razones para quererla o amarla, pero ese amor de Dios era exactamente lo que ella necesitaba.

Me preguntó si podía darle una Biblia, así que la invité a mi casa para que le diera una al día siguiente. Le dije dónde vivíamos y al día siguiente vino a buscar su Biblia. Mirando hacia atrás, probablemente me tendí una trampa al hacer eso, pero Dios sabía lo que hacía, aunque yo no lo supiera. Me di cuenta de que estaba muy preocupada y no sabía muy bien cómo manejar al pequeño Tino, así que empecé a ser su mentora espiritual y su consejera para las cosas sencillas de la vida. Las necesidades de esta mujer sencilla, náufraga e infantil eran muy interesantes y únicas. Yo no sabía mucho de la cultura gitana, pero Sylvia estaba a punto de enseñarme todo lo que necesitaba saber. A algunas personas de mi iglesia no les gustó que la invitara, porque los gitanos eran rechazados y no se confiaba en ellos. Les llamaban cygans en eslovaco o mentirosos en inglés. El mejor trabajo que podían conseguir era barrer la calle o cavar una zanja. Eso no les ayudaba a dejar de robar, porque no encontraban trabajo para mantener a sus familias.

También había cabezas rapadas que intentaban matarlos o herirlos. Les amenazaban tirando piedras a sus casas y rompiendo ventanas, y básicamente les causaban miedo hasta el punto de que se alejaban de la ciudad. Un día, mientras caminaba con Sylvia hacia la tienda, se nos acercaron dos cabezas rapadas muy grandes y de aspecto atlético, y ella se asustó mucho y yo le dije que no tuviera miedo, que Dios estaba con nosotros. Inmediatamente empezaron a insultarla y a proferir insultos contra ella, a pesar de que caminaba a mi lado. La adrenalina se disparó e inmediatamente me convertí en una mamá osa y me acerqué a sus caras, a pesar de que un tipo medía dos metros y medio, les dije que pararan. Tuvo que ser el Espíritu Santo, porque no tengo ni idea de cómo pude hablarles en eslovaco con tanta claridad. Creo que estaban tan sorprendidos que no sabían qué hacer y se pararon en seco y se callaron. Sylvia me miró después con una gran sonrisa en la cara y estaba tan sorprendida de que yo la hubiera defendido. Probablemente era la primera vez en su vida que alguien la defendía. Su autoestima era tan baja que ni siquiera podía mirarte a los ojos cuando hablaba. Sylvia necesitaba ver cuánto la amaba Dios a través de mis acciones y mi comportamiento hacia ella. Me encanta cómo Dios interviene donde nosotros dejamos de hacerlo.

Había muchas cosas en las que tenía que ayudar a Sylvia; era parecida a una niña en lo que se refiere a habilidades para la vida. En algunas de nuestras conversaciones de sobremesa, me enteré de que su propio padre estaba en la cárcel por asesinar a su madre y quemar su cuerpo en una casa. Quién sabe qué tipo de abusos sufrieron Sylvia y su familia en casa.

Nuestras lecciones de vida cotidiana continuaron y ella aprendió a cuidar de Tino con sencillas técnicas de disciplina, para que no se convirtiera en un niño revoltoso y pasara por encima de su autoridad. Su hijo, el padre de Tino, no la ayudaba con él ni a pagar sus cuentas, así que yo la ayudé con las facturas de la luz unas cuantas veces. Estaba tan agradecida que insistió en ayudarme de alguna manera, así que decidimos que podía venir a mi casa una vez a la semana para limpiar y ayudarme en lo que necesitara ayuda, y lo hizo fielmente.

En nuestras sesiones de lectura de la Biblia, Sylvia aceptó a Jesús como su Salvador, y tenía hambre por la Palabra. Llegaba a mi casa con la puntualidad de un reloj casi todos los días. Oía su voz al pie de las escaleras de nuestro apartamento llamándome por mi nombre con su dulce vocecita, Lindushka (Lin dush' kah), una forma entrañable de decir mi nombre. Mi verdadera prueba era cuando la oía llamarme por mi nombre y tengo que confesar que hubo muchas veces en las que deseé que no viniera ese día, pero en lugar de eso tuve que poner la cara y el corazón de Jesús te ama y dejar que Él la amara a través de mí. Ella fue claramente mi reto para amar como Jesús lo hizo. Hasta el día de hoy estoy muy agradecida por ella.

Ella amaba tanto su Biblia que dormía con ella y muchas veces derramaba café sobre ella, pero la mantenía cerca y la leía diariamente. Yo estaba tan emocionada de que ella amara a Jesús. Pasamos por algunas pruebas en las que ella tuvo que arrepentirse y admitir sus mentiras y devolver dinero que había tomado bajo falsas pretensiones; tenía que suceder tarde o temprano. A través de estas pruebas le enseñamos los caminos de Dios, y ella se sometió a ellos con humildad. Había en ella un signo de humildad que era tan asombroso de ver.

Varios años después, cuando volví a Eslovaquia, la vi en la calle. Tenía un trabajo barriendo la calle y su hijo cuidaba ahora de su nieto. Estas fueron algunas de las cosas por las que rezamos y Dios respondió. Algunos años después me enteré de que había fallecido. Aunque me entristeció la noticia, me sentí muy feliz de haber podido llevarla a Jesús. Sé que algún día volveré a encontrarme con ella en el cielo. Las personas difíciles e indeseables necesitan a Jesús y si nosotros no las amamos y se lo decimos, ¿quién lo hará?

> *"¿Y cómo predicarán si no son enviados? Como está escrito: «¡Cuán hermosa es la llegada de los que anuncian la paz, de los que anuncian buenas nuevas!" (Romanos 10:15 RVC).*

Hubo muchos otros a los que tuvimos la oportunidad de llevar a Jesús. Como el niño gitano que era enano y fue apartado de su familia a los seis años, cuando los comunistas lo internaron por su discapacidad. Fue considerado un paria primero por ser minusválido y segundo por ser gitano. El mundo le etiquetó y limitó su vida por completo.

Los comunistas mantenían a todas las personas sin hogar y con problemas mentales y físicos fuera de la sociedad, en instituciones, para que todo pareciera bien por fuera de cara al mundo. Sufrió muchos abusos, como el encierro en una habitación muy pequeña durante semanas. Cuando cayó el comunismo, este joven recibió la noticia de que era libre de irse porque ya tenía dieciocho años. Antes de saberlo, una noche salió por la ventana para asistir a una reunión de evangelización en la República Checa y conoció a Jesús. Le conocí en una iglesia de Bratislava y nos convertimos en sus padres espirituales. Durante más de un año vivió con nosotros, hasta que nos marchamos para volver a Estados Unidos. Había "personas indeseables" de todas las clases sociales que fuimos guiados a discipular y llevar a Jesús. ¡Qué vida tan asombrosa es servir al Señor!

¿A quién está poniendo Dios en tu camino para amar como ama Jesús, para compartir el evangelio con él y discipularlo en su nueva vida en Cristo?

-21-
COMPLETA EN MÍ UN
BUEN TRABAJO SEÑOR

"¡Oro con gran fe por ustedes, porque estoy
totalmente convencido de que Aquel que comenzó
esta obra gloriosa en ustedes continuará fielmente
el proceso de maduración y pondrá sus toques
finales hasta la revelación de nuestro Señor
Jesucristo!"
(Filipenses 1:6 TPT).

Venir a Eslovaquia fue el principio de pasar por el fuego refinador, para convertirme en el recipiente para la gloria de Dios que estaba llamada a ser. Todas las pruebas por las que pasamos para recuperar la tierra para la madre de Igor fueron sólo una muestra de lo que estaba por venir. Como ya he dicho, su madre tenía una lista escrita de todo, hasta una horquilla. Gracias a esa lista, el valor de esos objetos nos daba derecho a recuperar el mismo valor en equipamiento para la granja. Después de unos cuatro años de duro trabajo, yendo de oficina en oficina para conseguir todos los papeles en regla para transferir los documentos, para conseguir la restitución de las propiedades y objetos arrebatados al abuelo de Igor, recibimos de vuelta un tractor, arados, camiones, una excavadora, una cosechadora, fertilizante para nuestros campos, semillas para los cultivos, y muchas otras cosas para reemplazar todo lo que había en esa lista.

Era asombroso ver que, después de limpiar treinta y cinco acres de contaminación y basura, podíamos cultivar la tierra. Plantamos trigo, maíz y el cultivo más memorable de todos, patatas. Se cosecharon toneladas de patatas, después de todo el estiércol que la Cooperativa transportó en volquetes hasta nuestras tierras como pago de restitución. Mi maloliente y divertido trabajo consistía en contar las cargas de los camiones cuando se pesaban en la Cooperativa Agrícola. Llevaba mi portapapeles y anotaba el peso y el número de camiones.

Durante el proceso de carga y descarga de estiércol se produjo una aventura de lo más interesante. Al final del día, Igor y yo nos dirigimos a Tri Duby para evaluar los montones de estiércol de los campos y, al contarlos, ¡para nuestra sorpresa faltaban dos camiones! Volvimos a contarlos y, efectivamente, faltaban. Inmediatamente nos pusimos los sombreros de Sherlock Holmes y del Dr. Watson e investigamos dónde estaban los dos camiones de estiércol que faltaban. ¡Había que encontrar pruebas! Nos quedamos estupefactos cuando localizamos dos montones perfectos de estiércol fresco en el jardín del camionero. Como haría cualquier investigador, saqué mi fiel cámara de 35 mm y tomé fotografías como prueba en caso de juicio en el futuro. En serio, estábamos muy sorprendidos, pero también era muy divertido buscar montones de estiércol. Decidimos entre risas que, al parecer, su jardín necesitaba abono. La cosa se puso aún más graciosa, porque Igor utilizó una tarjeta del ministerio de la guerra que le habían dado como tarjeta de visita para confrontarle por haber "colocado en el lugar equivocado" el abono de su jardín.

Durante nuestra investigación de esa noche, hablamos con algunos de sus empleados, que confirmaron el robo, porque conducían los camiones y los volcaban en su jardín. Fue estupendo que confesaran tan fácilmente. Probablemente porque pensaban que no habían hecho nada malo.

Nuestro plan era sorprenderle por la mañana temprano y exigirle que devolviera los objetos robados al día siguiente. Llamamos a la puerta y él estaba todavía en la cama, pero finalmente salió al balcón en pijama y habló con Igor, que tenía en la mano la tarjeta de visita del Ministerio de Guerra. Cuando le dimos las pruebas de que había estiércol en su jardín, se rindió y admitió su culpabilidad. Le exigimos que se presentara a la mañana siguiente para entregar en nuestra propiedad los dos camiones de abono que faltaban.

Para nuestra sorpresa, apareció justo cuando le habíamos pedido que entregara la carga maloliente que faltaba a las nueve en punto, como estaba previsto. Observé la conversación a unos metros de distancia entre Igor y el ladrón confeso imaginando lo que decían. Igor me contó más tarde que, cuando le recordó que nos estaba robando y podía ser arrestado, dijo: "En ese caso, la mayoría de los eslovacos estarían en la cárcel". En otras palabras, era una práctica común ver algo que necesitabas y tomarlo, porque pertenecía al gobierno y en sus mentes no sería un problema robarle al gobierno. Nadie entendía la propiedad, y los propietarios independientes no eran conocidos ni reconocidos en absoluto; las recompensas de un sistema comunista. Para él, el estiércol sólo se lo estaban quitando a la cooperativa gubernamental, no a una persona.

En conversaciones con amigos locales, nos enteramos de que las fábricas producían bien, pero una gran parte de los materiales se iba a casa con los trabajadores, porque lo necesitaban. Con trabajos mal pagados, desde luego no podían permitirse comprar los suministros que necesitaban, así que ¿por qué no llevárselos? No era raro ver una casa con la entrada de una tienda. ¿Adivinas dónde trabajaban? En una fábrica de materiales para escaparates. Era una forma de vivir diferente a la que enseñaba la palabra de Dios; por supuesto, no lo sabían porque la mayoría no tenía palabra de Dios, así que la mentalidad inmoral atea de gran parte de la población engendraba un comportamiento inmoral.

El pecado no era un problema porque ni siquiera un ateo sabía que era pecado. Aunque podemos saber que algo es bueno o malo, todavía no hay ninguna razón para no hacerlo, aparte de que me atrapen y me castiguen. Es una forma superficial de controlar a las personas en la sociedad que generalmente no funciona, porque aun así intentarán salirse con la suya con la esperanza de no ser atrapados, porque no saben nada acerca de las consecuencias eternas.

Para la persona que piensa que va al cielo si es buena, puede tener más razones para hacer el bien, pero aún le falta entender por qué debemos hacer el bien y temer a Dios, o recibir las consecuencias eternas. Dios sabía que no seríamos capaces de guardar todos Sus mandamientos, así que Él envió bondadosamente a Su Hijo unigénito, Jesús, para sufrir y derramar Su sangre por todos nuestros pecados, pasados, presentes y futuros, con arrepentimiento.

Por lo tanto, tenemos una razón para seguir la ley, porque Dios nos ordena seguir Su Palabra y Él es la máxima autoridad. Sin Él, estamos por nuestra cuenta y haciendo nuestra propia cosa, no Su voluntad sino la nuestra y eso nunca cumple el plan de Dios para nuestras vidas. Jesús dijo que no era de este mundo, y cuando venimos a Él tampoco somos de este mundo.

Hay tres cosas que nos impiden vivir una vida recta, como escribió el apóstol Juan. Cuando vivimos según el mundo, vivimos según "los deseos de la carne, los deseos de los ojos y la vanagloria de la vida" (1 Juan 2:16). Pablo escribió que "el deseo de la carne es contra el Espíritu" (Gálatas 5:16), y nos exhortó a caminar en el Espíritu y no satisfacer los deseos de la carne. Admitámoslo, la carne es nuestro enemigo. Siempre estamos en guerra contra ella, ya sea en la comida y la bebida, en los deseos sexuales, o queriendo satisfacerla constantemente con algo fuera de Dios. La guerra comienza, cuando rendimos nuestras vidas a Jesús, pero la buena noticia es que Él nos da poder para vencer la carne con Su Espíritu.

El deseo de hacer el bien no es suficiente para poder caminar bajo el poder del Espíritu. Necesitamos el poder de Dios en nosotros para vencer a la carne. Nada puede ser hecho por nuestra carne; debe ser sometida a Dios. Recuerdo los días, cuando me esforzaba por ser buena, nunca funcionaba. El pecado de la carne siempre está agazapado en la puerta esperando que fallemos en nuestra debilidad. Mirando hacia atrás, me había convencido a mí misma con las mentiras que creía, que yo era buena, pero no fue hasta que conocí a Jesús que Él me mostró que yo no tenía nada bueno en mí. Aprendí que fui salvada por gracia a través de mi fe en Jesús y no por mis propias buenas obras (Efesios 2:8). La canción " Gracia Asombrosa" ("Amazing Grace") ciertamente lo describe bien. Yo era una desgraciada, una vez perdida y ahora encontrada, ciega pero ahora veo. Él abre nuestros ojos para que veamos las cosas como realmente son.

Volviendo al estiércol robado, nos lo devolvieron y nos pusimos muy contentos y él se quedó perplejo de por qué pensábamos que era un problema tan grave. Su plan habría sido ir a la cooperativa y decirles que nos faltaban dos camiones, y probablemente nos habrían dado más. Al fin y al cabo, una cosa que abunda donde hay vacas es el estiércol.

Como cristianos, debemos tener la mente de Cristo, por lo que el pensamiento cristiano es muy diferente al del mundo. Dios nos ordena obedecer las leyes del hombre y de Dios. Cuando no lo hacemos, algo sucede en nuestro espíritu llamado convicción y no podemos vivir sin arrepentirnos y hacer lo correcto. Vivir en pecado te atormentara si has recibido el Espíritu Santo después de la salvación. Jesús dejó la tierra, pero dejó al Espíritu Santo, quien nos condenaría de nuestro pecado (Juan 16:8). Este es el mejor barómetro que podemos tener en la vida. El Espíritu Santo nos mantiene a raya en todo momento; nuestro trabajo es escuchar y obedecer. La convicción lleva al arrepentimiento, que es un cambio de mente y corazón que nos hace dejar atrás nuestro pecado para volvernos e ir por el otro camino, el camino correcto.

De las Patatas a la Evangelización

Todos esos camiones cargados de abono trajeron a nuestra tierra una abundante cosecha de patatas. Teníamos tantas patatas que llenamos nuestro enorme granero con toneladas de ellas. Debido a la gran cosecha, necesitábamos mucha ayuda para cosecharlas. Pero había escasez de cosechadores. El tiempo no era el mejor para cosechar porque llovía mucho, así que no pudimos empezar hasta noviembre, que era muy tarde. Todo el mundo intentaba cosechar al mismo tiempo, y dependíamos de la maquinaria de la Cooperativa para levantar las patatas de la tierra, así que podríamos haber contratado a trabajadores para recogerlas y embolsarlas.

Por fin conseguimos que vinieran las máquinas y logramos contratar a unos gitanos para que vinieran a nuestra tierra y se encargaran de la cosecha. Igor fue a un edificio de apartamentos de un pueblo cercano, se plantó fuera y gritó: "¿Alguien quiere cosechar patatas y cobrar todos los días?". Vinieron corriendo como perros persiguiendo a un gato. Era inaudito que los gitanos tuvieran un trabajo por el que cobraban el mismo día o en cualquier momento. Al día siguiente el camión los recogió y empezamos a cosechar.

Dejábamos que los trabajadores se llevaran a casa tantas patatas como pudieran cargar y les pagábamos el sueldo al final de cada jornada. Se iban con grandes sacos llenos hasta arriba, tan pesados que apenas podían cargarlos, así que los llevábamos a casa en el camión todas las noches cargados. No teníamos ni idea de cómo íbamos a pagarles cada día, pero por la gracia de Dios, Él proveyó justo a tiempo.

Fue una operación increíble, sobre todo porque nunca habíamos hecho nada parecido. Algunos de los trabajadores embolsaban, otros cargaban en los camiones y otros descargaban en los graneros. Era una operación muy fructífera, que producía a diario y proporcionaba nuestros ingresos y los de los pobres al mismo tiempo. Poco a poco fuimos conociendo a los trabajadores en nuestros encuentros diarios, y todos los días preparaba enormes fuentes de ensalada de patatas al estilo americano con la ayuda de Sylvia y les servía el almuerzo con salchichas cocinadas al fuego en un palo. Estaban asombrados del trato que recibían en comparación con el humillante trato al que estaban acostumbrados, con muy poca paga. Cuando la luz de Cristo brilla en el pueblo de Dios, los demás la ven y se sienten atraídos por ella. La oscuridad huye ante la luz y la luz también expone la oscuridad.

En Lucas 1:78-79, se habla de Jesús como la Aurora que ha venido a visitarnos; a dar luz a los que viven en tinieblas y en la sombra de la muerte; a guiar nuestros pies por el camino de la paz.

El primer día de nuestra cosecha de diez días fue todo un éxito. Había dejado de llover, después de muchas oraciones, y todos se fueron contentos a casa con una gran bolsa rebosante de patatas. Para nuestra sorpresa, después de un día tan exitoso con nuestros trabajadores, durante la noche unos ladrones llegaron al granero con un camión, lo cargaron de patatas y se las llevaron Dios sabe dónde. Como no estábamos acostumbrados a los robos, nos quedamos muy sorprendidos y disgustados.

Al día siguiente, Igor empezó a hacer preguntas a algunos de los trabajadores y, al poco tiempo, los ladrones quedaron al descubierto entre nuestros trabajadores. Lo mantuvimos en secreto hasta que comimos en la fogata. Mientras comíamos, pedimos educada pero firmemente a los que habían robado las patatas la noche anterior que abandonaran la propiedad. Se les ofreció la oportunidad de confesar y devolver lo robado, pero decidieron no hacerlo, así que les pedimos que se marcharan. Los demás vieron lo que pasó, y a partir de entonces no volvimos a tener problemas con los robos.

Dios nos da ideas innovadoras para guiar a la gente hacia Él. De camino a los campos, unos días después de empezar la cosecha, se me ocurrió la idea de tomar fotos de los trabajadores, así que compré carretes para mi cámara de 35 mm y empecé a fotografiarlos a todos; en aquella época no había cámaras digitales ni teléfonos móviles. Estaban entusiasmados y me preguntaban todos los días cuándo podrían ver las fotos. Les prometí que cada uno tendría su propia foto. Había una razón por la que Dios puso ese pensamiento en mi mente, que descubriría más tarde. Mientras tanto, la cosecha continuaba y empezamos a rezar por ellos y a pedir a Dios que los atrajera hacia Sí. Como dije antes, la cosecha se retrasó hasta noviembre, por lo que fue extraordinariamente tardía a causa de la lluvia, pero ésta cesó por completo mientras cosechábamos durante diez días. Dios estaba tan involucrado en toda esta operación que hasta el clima obedeció. Era tan glorioso ver cómo se desarrollaban los milagros cada día.

Noviembre es el mes de mi cumpleaños y cayó en el último día de la cosecha, así que tuve una auténtica celebración gitana. Me agarraron de los pies y de los brazos y me balancearon de un lado a otro cantando una canción gitana de cumpleaños. Fue una gran alegría formar parte de la vida de estas personas. Porque Dios es fiel para satisfacer todas nuestras necesidades, el primer día después de que termináramos la cosecha empezó a llover de nuevo. Nunca deja de sorprenderme cómo Dios está presente en cada detalle de nuestras vidas. Nunca debemos sentir que Dios no se interesa por nuestros pequeños problemas, pequeños o grandes. Cada parte de nuestras vidas es importante para nuestro Creador, el Padre Dios.

Ve y Dales la Buenas Nuevas

Después de la cosecha, prometí a los trabajadores que les llevaríamos las fotografías cuando estuvieran reveladas. Todo esto era una trampa de Dios para que compartiéramos el Evangelio y lleváramos a la gente a Jesús. Las últimas palabras de Jesús a sus discípulos fueron: "Por tanto, id, y haced discípulos a todas las naciones, bautizándolos en el nombre del Padre, y del Hijo, y del Espíritu Santo"." (Mateo 28:19 RVR1960).

Todo el tiempo que estuvimos cosechando les estuvimos hablando de Jesús y varios jóvenes se salvaron. Había como diez jóvenes de ese edificio de apartamentos que aspiraban pegamento. Un joven llamado Pedro recibió a Jesús como su Salvador y dejó de aspirar pegamento, y su testimonio llevó a todos los demás a dejar de aspirar pegamento y recibir a Jesús también. Eso no fue todo lo que Dios hizo-después incluso cerró la fábrica de pegamento. Dios se estaba moviendo en sus vidas, y nosotros estábamos viendo cómo se desarrollaba todo, porque fuimos a donde Él nos envió, a una tierra extraña que yo no conocía para encontrar personas con la misma necesidad que todas las personas: Jesucristo.

Habían pasado varias semanas desde la cosecha y llegó el momento de llevar las fotos a la gente, así que acordamos con Peter ir al apartamento de sus padres para reunirnos con la gente y distribuir las fotos. El edificio de apartamentos estaba en ruinas, las ventanas estaban rotas y me daba un poco de miedo entrar en el ascensor, pero la gente fue amable y abierta a recibirnos. Habían oído hablar de Dios a otros, como los testigos de Jehová, y sentían curiosidad por lo que nosotros creíamos, así que la puerta estaba abierta para compartir a Jesús con ellos. Algunos querían oír, y otros no. Cuando descubrimos la necesidad de una familia, nos ofrecimos a ayudarles a conseguir una lavadora, pero la rechazaron porque pensaban que intentábamos obligarles a creer lo que nosotros creíamos. Sin embargo, Dios abrió una puerta para ir a sus casas y contarles el Evangelio y rezar con ellos semanalmente, con sólo tomar algunas fotografías. Dios sabe lo que tenemos que hacer, si le escuchamos. Más tarde descubrí que la razón por la que era tan importante para ellos fotografiarse era que nunca antes se habían fotografiado. De esas relaciones surgieron algunos amigos para toda la vida con los que seguimos en contacto hasta el día de hoy. Y lo que es más importante, en esos encuentros se redimieron y liberaron vidas y algún día nos encontraremos en el cielo y viviremos eternamente con ellos.

-22-

ES HORA DE REGRESAR A CASA EN ESTADOS UNIDOS

Parece que todo lo bueno suele llegar a su fin. Cuando nos devolvieran las tierras y se hubiera completado toda la restitución, pensábamos construir una casa en Tri Duby, donde Igor creció creando muchos recuerdos entrañables. Pero primero teníamos que volver a casa para matricular a Michael en un programa de educación en casa en Nueva York, para que yo pudiera seguir educándolo en casa a mi regreso a Eslovaquia. En aquel momento, no sabíamos con certeza cuándo volveríamos, pero era nuestro deseo para el futuro. Después de tres años, no quería irme de Eslovaquia, porque se había convertido en nuestro hogar y allí teníamos muchos buenos amigos y familiares que sería difícil dejar atrás. Mi vida cambió por completo con esta experiencia y ya no era quien solía ser, ni tenía los mismos deseos y necesidades antes de ir allí. Aprendí a desprenderme de todo y a no aferrarme a nada excepto a Jesús. Sin Él no podía vivir y nunca quise hacerlo por el resto de mi vida. Cuando Abraham fue llamado a salir de Ur, su país natal, nunca regresó y su vida cambió para siempre. Mi vida fue cambiada drásticamente al dejar mi país natal, y poco sabía que mi vida se estaba preparando para ser cambiada aún más, y esta vez iba a ser un cambio más profundo.

De Vuelta a América

Me resistía a dejar mi nuevo hogar en tierra extranjera, aunque Igor me decía que teníamos que irnos. Irónicamente, él estaba apegado a los Estados Unidos y yo estaba apegada a Eslovaquia. Hasta que escuché al Señor a través de Su Palabra, me resistí a irme. Pero un día mientras oraba y leía la Biblia, el Señor habló a mi espíritu y supe que era hora de regresar y terminar las cosas inconclusas en mi vida. Realmente no recuerdo con qué escritura le habló a mi espíritu, pero tuve paz después de eso y supe que era lo correcto. Muchas veces seguimos nuestra propia voluntad o nuestros sentimientos, pero si buscamos la dirección de Dios y esperamos en Él, siempre será el momento y el camino correcto.

Nos fuimos a Estados Unidos, con dos bolsas de viaje, una mochila y el fiel compañero de Michael, Arrugas, un títere de perro Shar Pei que nos acompañaba a todas partes y que había cruzado el océano en múltiples ocasiones. Fue el entretenimiento de Michael en los largos viajes y un miembro más de nuestra familia.

Como lo habíamos vendido todo en Estados Unidos y lo habíamos dejado todo en Eslovaquia, no teníamos nada más que la ropa, así que nos quedamos en casa de una querida amiga y seguimos con nuestra vida. Fue una época muy difícil para mí, porque sentía que no tenía ningún propósito. Estaba acostumbrada a estar rodeada de gente, ministrando allá donde iba, en las escuelas, en nuestra casa, en nuestra iglesia y entre las muchas personas que encontrábamos. Inmediatamente entré en un lugar muy desierto, sentada en el sótano de la casa de otra persona en Nueva York, y me deprimí. Mi vida parecía inútil para Dios mientras educaba en casa a Michael, que para entonces tenía siete años. Sentía que no hacía nada por el reino de Dios, excepto ir a mi pequeña iglesia rural en las colinas de Nueva York los domingos. Me sentía perdida y muerta por dentro, añorando mi vida en Eslovaquia y los encuentros cercanos con el Señor.

No podía entender por qué Dios quería que estuviera de vuelta en América, en el sótano de la casa de dos ancianitas, con mi hijo, haciendo lo que parecía nada por el reino de Dios, pero enseñándole todos los días. Prácticamente me sentía como si estuviera en otro planeta y el enemigo atacaba mi mente día y noche, mientras que la depresión ganaba la mayoría de las veces. Cada día era más difícil y complicado, y no podía ver que sucediera una sola cosa buena en mi vida. También volví a la realidad de mis relaciones familiares rotas y todos los daños y heridas del pasado de mi vida fallida antes de Cristo. Mi vida parecía ser inútil y sin esperanza en este punto. Incluso un día llegué al punto de estar dispuesto a tirar mi Biblia y todas las cosas que había relacionado con el cristianismo. Estaba deprimida, enojada, sin esperanza y a punto de darme por vencida. Un día de mi desesperación tiré todo en una caja y dije: "¡Estoy acabada!". Fue Michael quien me recordó a Jesús y todo en lo que creíamos y le enseñamos a creer. La fe de un niño no tiene precio y es poderosa.

El ambiente en el que vivíamos estaba lleno de tensión, discusiones y, a mis ojos, deprimente. Por dentro, pedía a gritos un cambio, pero no tenía forma de hacerlo. Mis pensamientos me dominaban, cuestionando mi propia existencia. ¿Por qué no podía simplemente volver al lugar donde éramos felices y nos sentíamos realizados haciendo la voluntad de Dios en nuestras vidas? ¿Por qué teníamos que volver a este pozo sin fondo, que me parecía un infierno? Para colmo, estaba atravesando una menopausia precoz, lo que agravó mi situación un mil por ciento.

A pesar de que yo no estaba caminando en la paz y la alegría del Señor en ese momento, una noche lo que pensé que era un ángel se me apareció en ese sótano, parecía una luz y luego oí al Señor decir: "Todo lo que parece luz no es luz." Me di cuenta de que estaba siendo acosada y atormentada en mi mente por demonios, que querían hundirme, después de todo lo que había experimentado con Dios en Eslovaquia. El enemigo quería, literalmente, que renunciara a Dios y dejara de hacer trabajo misionero. Al día siguiente desempaqué la caja con todas mis Biblias y recuerdos cristianos y volví a concentrarme. Tenemos que dar pasos hacia Dios y Él siempre nos encontrará donde estemos.

Mi Vocación/Mamá que Educa en Casa

Cada día hacía lo que podía para enseñar a Michael lo que necesitaba aprender para el plan de estudios de la escuela de Nueva York, y cada día impartía una enseñanza cristiana con la Biblia. Nos turnábamos para leer la Biblia. Él leía un capítulo y yo otro. Cuando llegamos al Nuevo Testamento en Romanos, Michael se volvió hacia mí y me dijo con lágrimas en los ojos: "Mamá, quiero que Jesús perdone mis pecados". Yo estaba tan asombrada y agradecida por ese momento tan precioso de nuestras vidas juntos. Hizo que todo lo que yo pensaba que era inútil se convirtiera en la experiencia más asombrosa y valiosa de ser madre y maestra de educación en el hogar que jamás podría haber soñado. Sentí que tenía un propósito de nuevo, no era una vida inútil después de todo. Dios tiene un ministerio para cada ser humano que ha creado; nadie es inútil o sin propósito. Si tú eres mamá o papá, abogado, doctor, maestro, estudiante, o amigo de alguien, tú puedes ser usado por Dios para cambiar vidas por medio de tu testimonio y compartiendo el amor de Jesús. Ninguna vida carece de propósito.

Durante ese tiempo en el sótano de una casa que no me pertenecía, con muy poca dirección o comprensión de lo que iba a hacer con el resto de mi vida, me estaba despertando aún más a lo mucho que necesitaba acercarme a Dios y esperar en Él.

-23-

EXPERIENCIA EN EL DESIERTO

El desierto es donde los israelitas vagaron durante cuarenta años, sin salir nunca de sus interminables dificultades para entrar a la Tierra Prometida. Ciertamente no quería permanecer en el desierto durante cuarenta años; Ya había desperdiciado cuarenta y cinco años de mi vida con decisiones equivocadas alejadas de Dios y ahora ¿qué camino tomo? Día tras día fui desafiada por las personas que me rodeaban y por mi comprensión cuestionadora y vacilante de lo que Dios quería que hiciera con mi vida. Sólo sé que estaba en el fuego, que la temperatura estaba subiendo y que necesitaba encontrarme con el cuarto hombre en el fuego para salvarme. Es posible que hayas oído la historia de Sadrac, Mesac y Abednego, que fueron arrojados al horno de fuego para morir. El horno había sido calentado siete veces más para convertirlos instantáneamente en cenizas, pero cuando el rey Nabucodonosor miró dentro del horno, los vio caminando sin una quemadura en sus cuerpos. Lo más asombroso fue que había un cuarto hombre caminando en el fuego con ellos, que era su Salvador. El Rey lo describió como el "Hijo de Dios" (Daniel 3:25). Se negaron a reverenciar al Rey y morir quemados en el horno fue su sentencia, pero Dios honró su negativa a reverenciar a un hombre y a adorarlo sólo a Él y envió a Su Hijo para salvar sus vidas. El que fue enviado era el único que puede salvarnos. Su nombre es Jesús. Necesitaba encontrarme con el único que podía salvarme del fuego de la adversidad y del vacío en mi vida, Jesucristo. Yo ya lo conocía y ciertamente lo había aceptado como mi Salvador años antes, pero Dios quería que lo conociera más.

> *"Cuando camines por el fuego, no te quemarás ni te abrasarán las llamas"*
> *(Isaías 43:2b NVI).*

El fuego quema, las llamas abrasan, pero Jesús se interpone entre nosotros y todo lo que intenta destruirnos. Él vino a salvarnos. La adversidad estaba sobre mí, las emociones intentaban llevarme a un reino de oscuridad del que no podía salir, pero la Luz era mucho más brillante e iluminaba todo lo que la oscuridad intentaba cubrir. Lo que necesitaba ser expuesto en mi corazón y finalmente sanado se filtraba a la superficie bajo coacción y fue una experiencia fea por la que hubiera preferido no pasar, pero era necesaria y beneficiosa. Como dice el viejo refrán, "sin dolor no hay recompensa". El dolor a veces hace que nos fortalezcamos. Un fisicoculturista te dirá que cuando les duelen los músculos después de levantar mucho peso, se han desgarrado y sanarán más fuertes que antes.

Antes de ir a Eslovaquia, antes de venir a Cristo, mi vida estaba en una espiral descendente, y no parecía haber ninguna salida. Me recuerda a José cuando sus hermanos lo arrojaron a la fosa y no tenía salida. Lloró y lloró, pero nadie respondió, nadie vino a ayudarle, hasta que finalmente fue vendido como esclavo. Me sentí sola y sin ayuda porque mi corazón estaba profundamente herido por los divorcios y los abusos de matrimonios anteriores, el abandono y el rechazo. Creo que no me afectaba tanto cuando estaba a un océano de distancia, pero cuanto más me acercaba a mi casa más difícil me resultaba huir del dolor. Igor veía bien lo que tenía que hacer, pero yo era más reacia y quería esconderme todo lo que pudiera de mi dolor. No entendía que no podía esconderme de él; eso sólo sería una forma temporal de evitar enfrentarse a él, que no iba a mejorarlo, sino que en realidad lo empeoraría.

Muchas personas son heridas, abandonadas y rechazadas en esta vida. Por eso necesitamos a Jesús, que vino a curar a los corazones rotos (Isaías 61:1). En esta vida pueden ocurrir muchas cosas inesperadas, algunas autoinfligidas o impuestas por los métodos destructivos de los demás. A veces la vida es un asco, pero no podemos dejar que eso nos detenga o nos impida vivir una vida con propósito y en paz.

Vivía en una montaña rusa de emociones, porque la mayor parte de mi atención se centraba en mí misma y en lo que sentía o dejaba de sentir. La vida era un sube y baja emocional que parecía no acabar nunca, desesperante, deprimente y carente de todo. Me desconcertaba cómo podía pasar de ser tan feliz en Eslovaquia a sentir tanta miseria en Estados Unidos. Yo no lo entendía. Si nuestra felicidad está determinada por lo que nos pasa, nunca será estable; siempre subirá y bajará según nuestras buenas o malas experiencias. No es así como Jesús nos dijo que debía ser esta vida. Dijo que había venido a darnos paz y una vida abundante. Yo estaba lejos de eso, pero decidida a seguir a Jesús y experimentar por lo que Él había muerto y sufrido en la cruz. Antes de exhalar su último aliento, Él dijo que todo estaba terminado. La obra terminada que vino a hacer era traer el reino de Dios a la tierra y dar a la humanidad una salida fuera del pecado y la muerte. Él necesitaba una iglesia, el cuerpo de Cristo, para continuar después de Su partida. El calendario de nuestras vidas se pone en marcha en el momento en que somos creados en el vientre de nuestra madre. Él nos conocía desde antes y tiene un gran plan para nuestras vidas. Como dice la Escritura, nuestras vidas están escritas en los libros del cielo. (Salmo 139:16) Es nuestro destino esperando a cumplirse.

Como en el caso del joven profeta Jeremías, Dios le dijo: "Antes de que yo te formara en el vientre, te conocí. Antes de que nacieras, te santifiqué y te presenté ante las naciones como mi profeta" (Jer. 1:5). Eso significa que antes de crear a Jeremías, Dios ya lo conocía. Antes de que naciera, cuando aún estaba en el vientre materno, Dios lo santificó o lo dedicó y lo apartó para ser profeta. Su futuro y destino ya estaban trazados para él. Ahora que Dios le había llamado, se quejó a Dios: "¡Ah, Señor Dios! He aquí que no puedo hablar, porque soy joven" (Jer. 1:6). Cuando Dios le comunicó su destino, no quiso aceptarlo y quiso poner excusas para no poder cumplirlo. Si Dios lo ordenó y lo creó para hacer esto, no hay forma de que el huir de ello o negarse a hacerlo tuviera un buen resultado.

Entonces, ¿por qué a veces huimos de nuestro destino y nos encontramos en un pozo del que no podemos salir sin la ayuda de Dios? Dios siempre quiere que hagamos más de lo que podemos imaginar, para que sepamos que fue Él quien lo hizo. Él se lleva la gloria y nosotros permanecemos humildes.

A Jeremías se le dio un trabajo muy difícil, entregar mensajes desagradables a la nación pecadora de Israel. Él era solo un joven y no podía imaginarse ser capaz de hacer el trabajo de un hombre. Dios le dijo, "No digas, 'Soy un joven,' Porque tu irás a todos a quienes yo te envíe, Y todo lo que yo te mande, hablarás. No tengas miedo de sus rostros, porque yo estoy contigo para librarte, dice el Señor" (Jer. 1:7-8).

Con Dios todo es posible cuando confiamos en Él y en Su poder, no en el nuestro. Podemos cumplir nuestro destino, si confiamos en Dios. Jeremías confió en Dios, aunque pudo haber tenido dudas y temores y enfrentado mucha adversidad, tuvo que creer que la voz que escuchaba era de Dios y que había un propósito y un plan para su vida.

"Porque yo conozco los planes que tengo para ustedes —afirma el Señor—, planes de bienestar y no de calamidad, a fin de darles un futuro y una esperanza." (Jer. 29:11).

Tuve que aprender a confiar en el plan de Dios. Al igual que Jeremías, Dios tenía un plan para mi vida y este no era el final para mí, pero tal vez me estaba preparando para lo que estaba llamada a hacer y todavía no había visto el panorama completo. Una vez más, se trata de caminar por fe, no por vista. Tenía que confiar en Él, incluso cuando no podía ver nada de lo que estaba sucediendo. Una palabra del Señor me aclaró esto años más tarde: "La fe no es confianza, ya está hecho; sólo confianza. La confianza viene a través de la relación con el Señor... saber y creer es una parte de ella. La confianza inicia la fe".

-24-

VIAJE HACIA EL PERDÓN

El camino para encontrar la vocación y el propósito que Dios tenía para mí significaba hacer algunas cosas que no quería hacer. Dios usó a mi esposo lleno de fe, Igor, para ayudarme a caminar por la senda de la libertad. Igor decidió que necesitábamos una furgoneta para viajar por la costa este e ir a ver a mi familia a Kansas. Para él era algo necesario para que se resolvieran los problemas con mi familia. Tenía razón, pero yo luchaba contra ello en todo momento, por puro miedo a sufrir más rechazo. La imagen que el miedo pintaba en mi mente era una situación sin salida. Sentía que como Igor nunca había conocido a mi padre, no sabía lo serio que era esto. No obstante, nos subimos a la furgoneta y emprendimos el viaje, dispuestos a acampar por toda la costa este. Definitivamente tomamos el camino más largo, de Nueva York a Key West hasta Tennessee, Missouri y luego a Kansas, mi estado natal.

Cuando llegó el momento de estar en Kansas, nos alojamos en casa de mi hermana, a 300 millas de mi ciudad natal, donde vivían mis padres. Para mi sorpresa, ellos vinieron a vernos allí. La anticipación de que vinieran me hizo enfermar del estómago por el temor de cuál sería la reacción de mi padre hacia mí, después de siete años de no hablarle porque él así lo quería. En mi vieja vida pecaminosa, tomé algunas decisiones muy malas y eso me llevó a esta separación. Por fin llegó el día en que llegaron y salimos a recibirlos. Nos saludamos, pero sobre todo Igor les habló y ellos conocieron a Michael, su nieto, por primera vez. Créanme, cualquier atención que me quitaran era muy apreciada. Literalmente, quería fundirme con la tierra para que nadie me viera. Igor estaba muy emocionado por conocerlos y les tendió la mano, pero mi padre no me dijo mucho y más bien me evitó. Digamos que había mucha tensión en el ambiente.

Cuando me acosté esa noche, no dormí en toda la noche y, de hecho, me sentía muy mal del estómago por los nervios. Nadie puede decirme que el estrés y el miedo no causan náuseas. Durante toda la noche oí en mi mente la vocecita del Espíritu Santo que me decía que tenía que disculparme y pedirle perdón a mi padre. Pensé, ¿por qué? Él debería pedirme perdón a mí. El orgullo levantó su fea cabeza de nuevo. Las escrituras que enseñaban sobre el perdón seguían resonando en mi cabeza, recordándome lo que tenía que hacer, me gustara o no.

Jesús dijo perdona setenta veces siete; en otras palabras, perdona pase lo que pase (Mateo 18:22). Vuestro Padre celestial no perdonará vuestras ofensas, si vosotros no perdonáis a los que os ofenden (Mateo 6:14-15). Creo que no dormí ni una hora en toda la noche. Cuando por fin amaneció, me levanté, subí a la cocina y me di cuenta de que mi hermana y mi familia se habían ido. En la casa sólo estaban mi familia y mi padre y mi madre. Para mi consternación, en la cocina estaba sentado mi padre leyendo el periódico y bebiendo café, mientras Michael e Igor dormían y mi madre se estaba bañando. Sólo estábamos papá y yo en la cocina. Había llegado la hora del ajuste de cuentas. Si aquello no era una trampa de Dios, no sé lo que era. Por mucho que intentara librarme de enfrentarme a él, tenía que hacerlo. Estaba a punto de hacer lo más difícil que he tenido que hacer nunca, perdonarle cuando para mí no se lo merecía. Le di los buenos días y él comenzó a levantarse y a salir de la habitación, pero oí que el Espíritu Santo decía: "Detenle antes de que se vaya". Le dije: "Papá, ¿puedo hablar contigo?". Dijo: "Claro". Fuimos al salón, sintiéndonos ambos muy incómodos nos sentamos. Empecé diciendo, o debería decir que el Espíritu Santo empezó a hablar por mí: "Papá, siento mucho si te he lastimado de alguna manera. Nunca quise hacerte daño. Tomé algunas malas decisiones en el pasado y espero que me perdones". Me dio brevemente su opinión sobre mis decisiones equivocadas, pero enseguida dijo: "Tendremos que dejar esto atrás". Nos abrazamos, me dio una palmada en la espalda y nos dijimos te quiero. Se rompió el hielo, se derribó el muro, podía empezar la sanación y así fue. Fue el mayor milagro de mi vida que se derribara ese muro. No podría haber ocurrido sin que el Espíritu Santo me diera poder y sin que Jesús me diera la gracia de perdonar y pedir perdón, incluso cuando no veía que lo necesitaba. La verdad es que yo era igual de culpable, por mis acciones, mentiras y engaños que no estaba dispuesta a admitir en aquel momento. Dios es tan misericordioso y nos perdona cuando no lo merecemos, razón de más para que seamos indulgentes cuando los que nos ofenden tampoco lo merecen.

El perdón, incluso cuando no tiene sentido, es una de las armas más poderosas que podemos utilizar contra el Enemigo. Al fin y al cabo, Jesús nos perdonó, y no lo merecíamos. Su misericordia y su gracia nos han salvado. Jesús dijo sígueme; eso significa haz lo que yo hago. Las cadenas que se me cayeron aquel día marcaron una diferencia en mi vida que ninguna otra cosa podría haber hecho. Los siguientes veinticinco años con mi padre y mi madre fueron los mejores que pasamos juntos. Nos acercamos más y más gracias al amor de Jesús y al perdón de Jesús en mi vida. Fue Su corazón el que dio un giro a todo en mi vida. Me dio un corazón nuevo, un corazón de carne, y me quitó para siempre mi corazón herido y de piedra. Este fue un paso muy grande para que mi vida mejorara y la nueva creación en Cristo se revelara en mí y mi destino se cumpliera.

Cuando Dios revela las cosas ocultas de nuestro corazón y de nuestra alma, puede que no nos guste lo que exige de nosotros, pero siempre es lo mejor que podemos hacer. La obediencia es mejor que el sacrificio. Jesús dijo que si obedecemos Sus mandamientos, le amamos (Juan 14:21). La obediencia es la clave para demostrar nuestro amor a Jesús. Mi obediencia en ir a ver a mi padre y hacer lo que el Espíritu Santo y la palabra de Dios me ordenaban me liberó del pecado de la falta de perdón.

A veces miramos a la otra persona y esperamos que cambie, y pasamos por alto lo que Dios nos pide que hagamos. Un hombre de Dios me enseñó una vez que aferrarse a la falta de perdón era como tener una bola y una cadena alrededor del cuello, que es una carga muy pesada que no necesitamos llevar. El perdón rompe esa cadena y nos libera para cumplir la voluntad de Dios en nuestras vidas. He visto a personas sanadas al instante, liberadas del dolor físico y emocional, y puertas que estaban cerradas abiertas gracias al perdón. El perdón es algo muy importante. No lo retrases en tu vida y tómate unos minutos ahora mismo para pedir al Señor la gracia de perdonar a cualquier persona a la que le estés guardando rencor, para que las cadenas del pecado o la falta de perdón se rompan y puedas caminar libre.

La Santificación Continúa

La obra limpiadora de Dios continuó para mí cuando regresé a Nueva York. Nos mudamos a otro lugar con otro amigo, pero el ambiente era más demoníaco de lo que esperábamos. Me sentía muy atrapada y no sabía adónde ir ni qué hacer. Lo único que podía hacer era rezar, así que me reunía a menudo con mi amiga y compañera de oración, Joyce, para rezar. Antes de volver a Eslovaquia había que ocuparse de otro pecado en mi vida: no estar casada legalmente y vivir con Igor.

Un día visité a mi compañera de oración, una querida amiga que oró conmigo durante muchas pruebas en mi vida. Estábamos en su casa, en el piso de arriba, rezando, y empecé a oír del Espíritu Santo: necesitas confesar tu pecado y ser sanada. Sabía en mi espíritu exactamente de qué estaba hablando el Espíritu Santo. Así que confesé a mi amiga que Igor y yo no estábamos legalmente casados. Si confesamos un pecado, el siguiente paso es cambiar lo que estamos haciendo. "Metanoeo" en griego, "arrepentirse" en español, significa un cambio de mentalidad, que conduce a un cambio de acciones y propósitos. En mi vieja mente no regenerada pensaba que estaba bien, porque nos habíamos puesto delante de Dios y habíamos declarado nuestros votos, que yo creía que Dios honraba, pero también hay que cumplir las leyes del estado. El siguiente paso fue darme cuenta de que tenía que cambiar esta situación casándome legalmente. Cuando volví a casa, hablé de ello con Igor y le pregunté si podíamos casarnos legalmente, pero se negó porque creía de verdad que ya estábamos casados. Estaba convencido de ello y no podía cambiarlo hasta que Dios, a través del Espíritu Santo, le hablara, como hizo conmigo. Igor aún no había recibido esa revelación y convicción como yo, así que tuve que hacer lo más difícil y dar un paso más drástico para ser obediente a lo que Dios me decía que hiciera. Mi única opción era mudarme. Recordé que una amiga de la iglesia me había dicho que si alguna vez necesitaba un lugar donde quedarme la llamara, así que lo hice y me dijo que claro que sí, que tenía una habitación para mí y para Michael. Con dificultad recogimos nuestras pocas pertenencias y las cargamos en la furgoneta e Igor nos llevó a su casa. Esperaba que por el camino cambiara de opinión, pero no lo hizo.

Fue algo muy difícil de hacer después de siete años juntos, pero estaba decidida a seguir a Dios y Sus caminos por encima de mis propios deseos, por muy doloroso y difícil que fuera. Fue la determinación del Espíritu Santo en mí lo que me permitió dar este paso drástico para liberarme completamente de este pecado. Las consecuencias de nuestro pecado a veces nos persiguen y hacen que la etapa de transición hacia la salvación y la libertad en Cristo parezca que no vale la pena, pero al final siempre vale la pena, sobre todo cuando vemos a Dios hacer cosas sobrenaturales que ni siquiera podíamos imaginar a nuestro favor. Las etapas de la santificación o de ser apartados para el Señor no siempre son fáciles, pero son necesarias para llegar a ser lo que somos en Cristo. Si somos cristianos, no podemos limitarnos a ser oidores de la Palabra, sino que nuestra vida debe reflejarla. Santiago escribió: "Pero sed hacedores de la palabra, y no tan solamente oidores, engañándoos a vosotros mismos." (Santiago 1:22 RVR1960).

Durante el periodo de un mes que estuvimos separados, corté varias veces las llamadas telefónicas de Igor, porque seguía insistiendo en que volviera, y no se sometía a casarse conmigo. No fue fácil, pero estaba decidida a obedecer al Señor y a lo que Él quería que hiciera. Con persistencia, seguí rezando para que su corazón y su mente cambiaran, hasta que un día me llamó con una actitud completamente distinta y me pidió que llamara a una amiga suya con la que se había cruzado en Nueva York y que cambió su perspectiva de todo. Era una amiga a la que había testificado años atrás y a la que había ayudado a salir de la homosexualidad para convertirse en cristiana. Acababa de graduarse en el seminario y se había ordenado pastora; hablando de una transformación por parte de Dios. ¿Y qué probabilidades había de que la viera, después de muchos años fuera de Nueva York? Creo que Dios estaba respondiendo a mis oraciones. Servimos a un Dios sobrenatural, que hace cosas que ni siquiera podemos imaginar.

Después de colgar, la llamé y me contó lo que había pasado en su conversación con Igor sobre que yo le había dejado y quería casarme legalmente. Ella simplemente le preguntó: "¿La quieres y quieres que sea tu mujer?". Él respondió: "Sí". Ella replicó: "Entonces, ¿por qué no te casas con ella?". De repente, se encendió una luz en su mente y a partir de entonces fue un sí para él. Estaba decidido, y empezamos a hacer nuestros planes para una boda civil en el juzgado con dos testigos, nuestro hijo, tres amigos, un vestido prestado; los zapatos, e incluso el anillo de boda era prestado. Entonces éramos pobres, pero ricos en Cristo. En aquella época no teníamos teléfonos móviles, Internet ni computadora; la vida era mucho más sencilla y me gustaba mucho más en muchos aspectos.

Igor no había dejado de preguntarme si iba a volver a Eslovaquia con él, cuando fue a Nueva York a comprar billetes de avión para regresar y terminar nuestro trabajo. Pero le dije repetidamente que no porque no estábamos casados. Ahora que nos íbamos a casar, podía decir "sí" a volver. El plan de Dios estaba en marcha; todo lo que tenía que hacer era ser obediente cuando se presentaran los pasos.

-25-
BAUTISMO DE SUFRIMIENTO

En agosto de 1998, Igor volvió a Eslovaquia una semana después de casarnos y compró billetes para que yo fuera en un mes. Tras llegar a nuestro antiguo hogar, hicimos nuestra morada en las tierras de Tri Duby, en una pequeña casa portátil en la que pensábamos vivir hasta que termináramos la casa que estábamos construyendo. Había un silo que tenía potencial para ser una casa, así que empezamos a llevar líneas de agua y electricidad para empezar a construir. Fue divertido diseñarla y pensar en cómo sería vivir en este hermoso terreno en nuestra propia casa. Mientras tanto, construimos una cocina y un cuarto de baño en un extremo del granero, que había sido reconstruido, y dormimos en la casa portátil que convertimos en nuestro dormitorio y vivienda, hasta que la casa estuvo terminada. Parecía que avanzábamos hacia el lugar al que Dios nos había llamado.

Igor estaba cosechando para unos agricultores de la zona, con la ayuda de su primo lejano, y nos estábamos divirtiendo mucho. Tenían que reconstruir literalmente el motor de la cosechadora antes de que empezara la cosecha, pero había algo que debían arreglar y el único lugar donde conseguir la pieza estaba en las montañas, a pocas horas de distancia. Era un día lluvioso. Estaba enseñando a Michael en casa, e Igor y su primo entraron en la habitación para despedirse. Michael quería ir con ellos, pero le dije que no, que tenía que hacer sus deberes. Se rieron y bromearon mientras salían por la puerta, se subieron al pequeño Ford Fiesta rojo y se marcharon.

Pasó el día y yo esperaba que Igor llegara a casa antes del anochecer, pero no estaba en casa y yo empezaba a preocuparme. Sin teléfono me era imposible saber si estaba bien. Después de esperar toda la noche, Michael y yo por fin nos fuimos a la cama. Entonces llamaron a mi puerta mientras yo seguía en la cama despierta, sin poder dormir. Tenía miedo de abrir, pero pregunté quién era y me di cuenta de que era la familia del primo de Igor. Me dijeron que había habido un accidente y que tenía que ir con ellos. Seguí preguntando si Igor estaba bien y no me lo decían. La barrera del idioma no facilitaba las cosas. Ya estaba llorando e insistiendo en que alguien me dijera algo. Me llevaron a casa de su primo y llamaron al hospital. Hablé con alguien que hablaba algo de inglés. Después de eso todo está borroso. Sólo sabía que Igor estaba en muy mal estado, pero no sabía nada más. Su primo había muerto instantáneamente en el accidente. Fue un momento muy difícil. Inmediatamente, la familia de su primo empezó a acusar a Igor de haber provocado el accidente porque él conducía el coche. No sé cómo pudieron determinar eso sin que la policía hubiera investigado todavía.

Fue el comienzo de una de las peores pesadillas de nuestras vidas. Todos nuestros sueños se hicieron añicos. Aquí estábamos, listos para crear por fin un hogar, y el Enemigo vino inmediatamente a matar y destruir. Querían que durmiera en su casa aquella noche, pero yo no podía dormir, me quedé despierta y recé toda la noche en la cama junto a Miguel, por Igor y por la familia de su primo fallecido.

Al día siguiente llamé a un amigo nuestro para que me recogiera y me llevara a buscar ropa. Era una situación muy incómoda para mí estar en casa de un hombre que había muerto en un coche que conducía mi marido, y la familia le culpaba ahora de la muerte de su ser querido. Michael y yo nos fuimos a casa de unos amigos para pasar la noche. Muchos amigos acudieron en nuestra ayuda y rezaron por nosotros tanto en Eslovaquia como en América en los días venideros.

Pasaron más de veinticuatro horas antes de que el hermano de Igor pudiera venir desde el oeste de Eslovaquia y llevarnos a verlo al hospital, a dos horas de distancia, en las montañas. Me enteré de que estaba en coma, le habían hecho un agujero en la cabeza para monitorizarle el cerebro, se había roto las costillas y el esternón por el cinturón de seguridad. Menos mal que lo llevaba puesto, porque su primo no lo llevaba y murió al instante. Por desgracia, siempre se negaba a llevarlo. Igor también tenía una muñeca y una pierna rotas y estaba conectado a un respirador artificial, lo que le provocó una grave infección pulmonar. Su pronóstico era sombrío. Los médicos no podían decirnos si despertaría o en qué condiciones estaría, si lo hacía. Cuando alguien está en coma, se encuentra en la fase más cercana a la muerte. El cerebro está dormido y el resto del cuerpo también. Era el momento de rezar como nunca.

Al final, el padre de Igor, fundador de la cirugía plástica en Checoslovaquia, movió algunos hilos y consiguió que lo trasladaran a un hospital mejor, más cerca de donde vivíamos, y los médicos de allí le salvaron literalmente la vida. Si se hubiera quedado donde estaba, no sé si seguiría aquí. El médico cirujano, jefe del hospital al que lo trasladaron se enfadó tanto cuando vio su estado al llegar, que hizo unas llamadas muy fuertes a sus colegas del otro hospital. Tuve la suerte de que este médico hablaba inglés y era muy respetado y jefe de todos los cirujanos del país. De hecho, me aconsejó que interpusiera una demanda por negligencia contra el otro hospital, pero por supuesto nunca lo hice, con demasiadas otras cosas de las que ocuparme.

Al llegar al nuevo hospital, Igor fue llevado inmediatamente a quirófano para que le pusieran una barra de metal en la pierna; lo limpiaron y, después de varios días en la UCI, lo trasladaron a un hospital especial para infecciones al otro lado de la ciudad, porque en el primer hospital contrajo una grave infección pulmonar. Este hospital estaba en cuarentena para el público. Sólo yo podía ir a verle y Michael o cualquier otra persona tenía que verlo desde afuera a través de una ventana. Fueron días muy difíciles y oscuros para todos nosotros, incluido Michael.

En el primer hospital, mientras estuvo en coma, sólo pude llamar para ver cómo estaba todos los días. También tuve que ir a muchas oficinas e incluso a Austria para intentar conseguir un visado especial para permanecer en el país mientras él estaba en el hospital. Fue muy complicado, pero la buena noticia fue que yo era su esposa legal y eso me daba el privilegio de solicitar un visado de cónyuge de eslovaco de nacimiento. Alabado sea el Señor. Dios conocía una razón más importante por la que necesitaba ser su esposa legal. ¿Quieres decirme que Dios sabía desde el principio que esto ocurriría? Mucha gente se enfada con Dios cuando le ocurren cosas malas, sobre todo a la gente buena. Es una pregunta que todos podemos hacernos, porque parece muy injusto. No podemos juzgar a las personas por las cosas malas que ocurren. Seguro que has oído decir: "La vida no es justa y a la gente buena le pasan cosas malas". En la Biblia se dice que llueve sobre justos e injustos. Dios ama a todas las personas y quiere que todas se salven. El sufrimiento les llega a los buenos y a los malos, y a veces parece que los más malos son los que menos sufren. Yo seré la primera en decirlo, después de todo lo que he pasado y muchos otros a mi alrededor que han sufrido gravemente y desde luego no se lo merecían.

Hace poco perdimos a un querido niño de nuestra iglesia, llamado Cameron, que había sufrido durante todos sus once años la temida enfermedad de Distrofia Muscular, luego necesitó un trasplante de corazón a los cinco años y tenía una curvatura de la columna vertebral que no hacía más que empeorar. Combinada con la DM hizo que no pudiera respirar, lo que finalmente le llevó a una traqueotomía. Vivió su último año y unos meses con mucho sufrimiento y dolor por el mero hecho de estar vivo. Finalmente, fue liberado de su cuerpo físico devastado y se le dio su nuevo cuerpo Celestial, libre de dolor y enfermedad y más vivo que nunca con Jesús. La única forma de comprender el sufrimiento por el que pasaba una persona como Cameron es saber que, debido al pecado en el mundo, seguiremos experimentando enfermedades y dolencias. No se lo merecía, no era un niño malo castigado, nació con esto como muchos niños discapacitados. Aunque rezamos diligentemente, ayunamos, luchamos de todas las maneras que sabíamos por la curación de Cameron, no vimos que sucediera, como habíamos pedido. Muchas veces le salvamos la vida para que siguiera adelante con nuestras oraciones, pero aun así su cuerpo finalmente no pudo soportar más lo que estaba sufriendo y se fue a estar con el Señor. Este fue el verdadero milagro de curación que recibió, libre de todo dolor y sufrimiento, corriendo, regocijándose con los ángeles, haciendo todo lo que no podía hacer aquí y mucho más. Damos gracias a Dios porque durante su enfermedad aceptó a Jesús como su Salvador y comprendió y se interesó mucho por aprender cosas sobre Dios y la vida eterna. Rezaba con él a menudo y leíamos juntos la Biblia y hacíamos algún estudio bíblico cuando podíamos. Quería saber sobre la muerte y lo que ocurre después, porque sabía que se dirigía hacia allí. Estamos muy agradecidos por su vida y por el impacto que tuvo en tanta gente. Su vida terminó aquí, aunque no era el momento adecuado para todos los que le querían.

En medio del sufrimiento y la enfermedad tenemos que recordar que Dios no nos está castigando, pero sigue siendo parte de la maldición del pecado de Adán y Eva en el jardín. Tengo que añadir que algunas enfermedades proceden de nuestra propia negligencia hacia nuestro cuerpo, por lo que la muerte puede llegar antes de tiempo. Dios no quiere que suframos, sino que caminemos en salud divina y que seamos curados según Su Palabra cuando llegue la enfermedad. La solución es Jesús, enviado para salvarnos a todos y darnos la promesa de la curación y el don de curar a los demás mediante el poder maravilloso del Espíritu Santo. El Señor nos dio el poder de curar y ser curados mediante las llagas de Su espalda y Su sangre derramada por nosotros, que nos liberó de la maldición del pecado y de la muerte. Este hermoso niño recibió su curación en el cielo y no en la tierra, aunque rezamos durante años para que su curación se produjera aquí. Nunca dejé de creer que recibiría su milagro. Una noche, cuando clamaba al Señor por su curación, Él habló a mi corazón y a mi mente: "Estoy a punto de darle la mayor curación de todas: vivir eternamente conmigo en el cielo, donde no hay enfermedad." No lo entiendo completamente, pero confío en que el plan del Señor es el mejor y este niño había completado lo que estaba escrito en el libro del Cielo sobre él. Impactó a mucha gente, incluida yo, con su enfermedad y sufrimiento, era mi héroe, y nunca doy por sentada mi salud y me conmovió mucho el valor y el amor que vi en él. Vivió tanto sufrimiento y amó tanto a Jesús y ahora es realmente libre en Cristo.

No comprendemos plenamente los caminos ni los pensamientos de Dios. "Así como los cielos son más altos que la tierra, también mis caminos y mis pensamientos son más altos que los caminos y pensamientos de ustedes." (Isaías 55:9 RVC).

Hay un bautismo al que, como seguidores de Jesús, debemos someternos, si realmente somos Sus seguidores. A nadie le gusta, pero forma parte de ser cristiano. Número uno, el diablo nos odia y quiere destruirnos; número dos, debemos morir para nosotros mismos y el sufrimiento; las pruebas y las tribulaciones nos ayudan a hacer precisamente eso. Podemos enojarnos con Dios, culparle, odiarle, pero eso no cambia el hecho de que pasaremos por el sufrimiento y Dios lo utilizará para nuestro bien si le amamos y somos llamados para Su propósito.

Romanos 8:28 (RVC) dice: "Y sabemos que a los que aman a Dios, todas las cosas les ayudan a bien, esto es, a los que conforme a su propósito son llamados."

Respecto al accidente de Igor, creo que Dios sabía por lo que íbamos a pasar y nos estaba cubriendo en cada paso del camino. Hay un tiempo y una estación para todo, un tiempo para nacer, un tiempo para morir, y no era el tiempo de Igor para morir. El octavo día después del accidente, cuando llamé al hospital, había respondido un poco a las enfermeras. Estaba eufórica. Lo interesante fue que tres días antes de que respondiera por primera vez, Michael y yo estábamos en el autobús volviendo de Viena (Austria), sentados junto a cierto matrimonio judío. Me oyeron hablar con Michael en inglés y entablaron conversación con nosotros preguntándonos qué hacía yo en Eslovaquia. Les hablé del accidente de Igor y de mi difícil situación, así que me dijeron que rezarían por él en la tumba de su abuelo y anotaron su nombre. Me enteré de que iban a la tumba de su tatarabuelo en Bratislava a rezar. Conocía bien esta tumba. Su abuelo era el rabino Chatam Sofer (1762-1839), el rabino más famoso de Bratislava. Era mundialmente conocido por sus comentarios sobre el Talmud y la Torá y fundador de la yeshiva (escuela religiosa) conservadora de Bratislava. Judíos de todo el mundo acudían a su tumba para rezar.

La pareja hablaba inglés, pero no eslovaco, y no sabían dónde iban, así que pude ayudarles a cambiar dinero y a conseguir un taxi que les ayudara a llegar a la tumba y de vuelta a su autobús al aeropuerto de Viena para regresar a Israel ese mismo día. ¿Qué posibilidades había de que esto ocurriera? Una vez más, te recordaré que Dios ya tiene todo sobre nuestras vidas escrito en un libro en el Cielo. Todo es a Su tiempo y a Su manera.

Sin duda fue una coincidencia de Dios, y al tercer día después de sus oraciones, Igor despertó del coma. Si no conoces el significado de bendecir a los judíos, por favor, aprende, porque son el pueblo elegido de Dios y Él dijo que si bendecimos a los judíos seremos bendecidos; si maldecimos a los judíos, seremos maldecidos.

Después de que Dios hablara a Abraham y le dijera que saliera de su país, lejos de su familia, a una tierra que Él le mostraría, le dijo: "Haré de ti una nación; te bendeciré y engrandeceré tu nombre; y serás una bendición. Bendeciré a los que te bendigan y maldeciré a los que te maldigan; y en ti serán bendecidas todas las familias de la tierra" (Génesis 12:1–3 RVC). Éste era un pacto que Abraham tenía con Dios y que sigue vigente hoy en día. Por eso, cuando América bendice a Israel, somos bendecidos, y cuando maldecimos a Israel, somos maldecidos. Puedes verlo a lo largo de la historia de nuestra nación. Cuando votes a los dirigentes, vota a los que apoyen a Israel y se atengan a la palabra de Dios en sus políticas, especialmente en lo que se refiere a salvar a los no natos y a los niños del tráfico sexual. Nuestra nación está pesando en la balanza en medio de una guerra espiritual, y el pueblo de Dios desempeña un papel importante a la hora de decidir el resultado. Mi marido y yo siempre hemos apoyado a Israel, y vemos las recompensas de ello en nuestras vidas.

Cuando dejé a la pareja judía en su taxi, me dijeron: Dios te ha enviado como una bendición para nosotros. Y yo les dije, no Él los envió a ustedes como una bendición para mí. Creo que Igor despertó del coma como parte de la bendición. El médico no tenía esperanzas, dijo que podría ser un vegetal el resto de su vida, y no sabíamos cuánto tiempo sería. Nos sentamos en estado de shock en la habitación con la doctora mientras nos daba el pésimo pronóstico. Pero Dios tenía un plan mejor, y Su plan siempre supera al nuestro y es mejor que cualquier cosa que pudiéramos imaginar.

Trasladaron a Igor al hospital de infecciones y, aunque había despertado del coma, aún estaba muy perdido mentalmente. No me reconocía, ni sabía dónde estaba, ni lo que había pasado. Tenía alucinaciones, estaba atado a la cama, intentaba constantemente quitarse la férula de la muñeca a mordiscos y tosía flemas y le succionaban diariamente grandes cantidades de flemas de la infección pulmonar que ningún medicamento tocaba. Estaba en muy mal estado, con una traqueotomía y seguía sin acordarse de mí durante muchas semanas, pero al menos había esperanzas de recuperación.

La noche después de volver del hospital para la primera visita con él, mientras estaba despierta empezaron a brotar mis lágrimas y oí al Señor decir, no con voz audible, sino en mi mente: "¿Por qué estás triste?". Le respondí: "No sé qué le va a pasar a Igor". Su respuesta fue: "Léele Mi Palabra y le curará". No esperaba oír aquello, pero a partir de entonces surgió en mí una fe sobrenatural. No lloré ni una lágrima más, mientras la gracia de Dios me sostenía y me llevaba durante los días y meses siguientes. Un minuto con Dios puede cambiarlo todo.

A partir de ese momento leí la palabra de Dios sobre el cuerpo roto de Igor, mientras la gente rezaba alrededor del mundo, incluida la pareja judía que conocí en el autobús. Dios hizo exactamente lo que dijo que haría: Su palabra le curó. Al octavo día, Igor despertó del coma, tres días después de que la pareja judía rezara. Al cabo de unos dos meses, me preguntó si tenía una Biblia que pudiera leer, y le dejé sin restricciones con la Biblia en la mano leyendo. Fue un verdadero milagro. Tres meses después pudo volver a casa y poco a poco recuperó la fuerza y la memoria. La palabra de Dios es verdad y no vuelve vacía. Igor es una prueba viviente de ello.

-26-
DIOS HABLA DE NUEVO

Dos meses de visitas al hospital con Igor no fueron fáciles con un niño de ocho años y dos viajes en autobús para llegar al hospital. El autobús no circulaba los domingos, y teníamos que hacer dedo hasta la ciudad. Un domingo estábamos esperando en la parada del autobús para ir a la ciudad cuando vi a Michael sentado en el banco con la cabeza gacha. Pensé que le pasaba algo, y cuando le pregunté si estaba bien, me dijo: "Estoy rezando para que me lleven". Inmediatamente se detuvo un coche, con la fe de un niño en acción. Era un viejo amigo al que no habíamos visto desde que volvimos a Eslovaquia, y no sabía nada del accidente de Igor, así que nos llevó inmediatamente al hospital a verle. Igor no se acordaba mucho de él, pero fue una bendición volver a tener contacto con él y empezó a ayudarme en todo lo que pudo, a preparar el apartamento en nuestra propiedad para que Igor pudiera volver a casa en el futuro. Dios velaba por nosotros en todo momento y nunca nos dejó sin la ayuda que necesitábamos.

Aunque la mayoría de la gente no me aconsejaba quedarme sola en la tierra con Michael, tenía fe en que Dios estaba con nosotros. Me lo demostró muchas veces. La

169

segunda noche después del accidente, estábamos en casa de unos amigos en la ciudad, y tuve una sensación muy fuerte de que tenía que volver a casa porque sabía en mi espíritu que algo no iba bien allí. Al día siguiente, cuando llegamos a casa, me encontré con que la verja de la entrada a la carretera principal estaba baja y el candado estaba quitado. Luego fui al edificio donde guardábamos todo nuestro equipamiento y la verja de hierro estaba baja, el candado estaba quitado, y lo mismo ocurrió en los demás edificios, pero sorprendentemente no robaron nada. Mientras leía la Biblia aquella noche, sentí que algo estaba mal y el Señor me aseguró, a través de Su palabra, que Él estaba allí y que nada desaparecería. Tuve que confiar en que Él estaba allí velando por nosotros. Después de aquello, nunca tuve miedo de estar allí sola, aunque mi familia y mis amigos me decían constantemente que no me quedara allí sola. Sabía que no estaba sola; había ángeles acampados a nuestro alrededor y estábamos a salvo en los brazos de nuestro Salvador.

No temeré, sino que tendré valor, porque el Señor, mi Dios, va conmigo adondequiera que vaya (Josué 1:9). Él va delante de mí y envía a mi alrededor ejércitos de ángeles que luchan por mí. "El Señor mandará sus ángeles a ti, para que te cuiden en todos tus caminos." (Salmo 91:11).

Michael fue llamado al ministerio, creo que a los ocho años. Todos los días leíamos juntos la Biblia, rezábamos y cantábamos himnos juntos. El primer día después del accidente de Igor, cuando fuimos a verle al hospital, fue muy traumático para Michael como niño saber que su padre había sufrido un terrible accidente. Cuando llegamos a casa aquella noche, estábamos sentados en la cocina y Michael se veía muy triste, así que le pregunté qué sentía. Dijo que estaba triste porque no sabía si Igor se pondría bien. Le dije que rezáramos y cantáramos algunas canciones a Jesús, así que lo hicimos, y después de cantar el Espíritu Santo entró en la habitación y Michael empezó a profetizar. Dijo: "Igor ya no fumará cuando se despierte, e irá a las iglesias a contar a la gente cómo le curó Dios". Es un verdadero profeta porque todo esto se cumplió. Entonces Michael dijo: "Mamá, no era yo quien hablaba, ¿verdad?". Le dije que era el Espíritu Santo el que te utilizaba para profetizar. Me preguntó: ¿Crees que algún día seré pastor? Michael es hoy un misionero a tiempo completo, tras muchas y duras batallas, pero Dios empezó a llamarle a una edad temprana. Nuestros hijos tienen un destino igual que nosotros, y es importante criarlos con la palabra de Dios para ayudarles a encontrar su llamada y cumplir su destino.

Los días posteriores al accidente de Igor se convirtieron en meses. Habían pasado casi dos meses, y aún no se había curado de la infección pulmonar. Había que alimentarle a través de un tubo en el estómago y seguía teniendo la traqueotomía para respirar. El hospital quería enviarlo a casa, pero aún no teníamos un hogar al que llevarlo. Empecé a trabajar para conseguir el dinero necesario para construir un apartamento provisional al fondo del granero, donde estaban nuestra cocina y nuestro cuarto de baño. Ya estaba empezado y sólo habría que añadir un par de habitaciones más para tener un salón y un dormitorio. Nuestro amigo que nos recogió aquel día en la parada del autobús nos ayudó a ponerlo en marcha y mi cuñado ayudó a financiarlo. Damos gracias a Dios por la ayuda que tuvimos; Él hacía continuamente milagros a nuestro favor.

Hay muchas cosas que no podemos entender en la vida, y cuestionar las razones por las que Dios permite que sucedan cosas especialmente malas no es realmente una opción para un verdadero creyente. Lo cual no quiere decir que no podamos hacer preguntas a Dios, por supuesto, pregunta todo lo que quieras; Él quiere escuchar y responder. Es parte de la oración, una conversación bidireccional con Él. Cuando ocurren las mentiras repentinas sólo tenemos que decir Señor ayúdame, no sé qué hacer ni la razón de todo esto, pero acepto que lo que estás haciendo es por mi bien. Un día estás bien y al siguiente no. Tienes lo que necesitas y, en unos momentos, lo has perdido todo, se produce un desastre, vienen tornados, inundaciones, ocurren accidentes y, sin embargo, Dios sigue en el trono y sigue amándonos y cuidando de nosotros. Realmente depende de lo conectados que estemos con Dios que estas cosas no nos destruyan, sino que nos hagan arrastrarnos al lugar secreto y encontrar allí nuestro refugio y descanso.

El que habita al abrigo del Altísimo descansará a la sombra del Todopoderoso. Yo digo al Señor: «Tú eres mi refugio, mi fortaleza, el Dios en quien confío" (Sal. 91: 1-2 NVI).

Tenemos que animarnos como hizo David cuando le rodeaban sus enemigos, o cuando Josafat se vio rodeado por todos los ejércitos que podían destruir fácilmente a todo Israel. Qué hizo, sino llamar al pueblo a ayunar y orar, decir a los adoradores que se prepararan, porque iban a ir delante del ejército y cantar alabanzas al Señor y que no tuvieran miedo porque la batalla no era suya, sino de Dios (2 Crónicas 20:15).

Tres ejércitos fueron derribados ante sus ojos y no tuvieron que luchar. Dios es un Dios que hace milagros. Creímos en un milagro para Igor, y Dios respondió.

Dios me habló de muchas maneras durante todo el periodo posterior al accidente, pero un día, al cabo de un mes, mientras estaba de pie en nuestro pequeño porche mirando al campo, oí la vocecita del Espíritu Santo que me decía algo insólito: "Contrata un seguro médico, lo necesitarás". La primera vez lo ignoré, pero después de seguir oyéndolo en mi cabeza una y otra vez, me di cuenta de que Dios quería que hiciera algo y era mejor que le hiciera caso. Un gran problema para Igor era que no teníamos seguro médico, y claro, después de un accidente no se puede comprar. Después de oír varias veces este mensaje, me fijé en un edificio de la ciudad que tenía la palabra seguro en eslovaco, así que entré para preguntar si era posible comprar un seguro médico para un extranjero. Me enteré de que podía, pero necesitaba cien dólares para comprarlo durante un mes para mí y para Michael. En aquel momento no llevaba el dinero encima, así que tuve que dejarlo para otro día. No muchos días después, casi me atropella un coche que doblaba una esquina cuando cruzaba la calle; me esquivó por unos centímetros. Otra vez fui alertada para que contratara un seguro médico. Esta vez fui a comprarlo para un mes, que era todo lo que podía permitirme en aquel momento. Estaba a punto de averiguar por qué Dios me decía esto.

Tras dos meses y medio en el hospital, Igor mejoraba lentamente, y Michael y yo seguíamos yendo a visitarle casi todos los días. Era muy duro y agotador para nosotros, pero lo hacíamos por amor y preocupación por su cuidado. El hospital se encontraba en quiebra económica, así que yo tenía que comprar sus medicinas y pañales; mezclarle comida para alimentarle todos los días a través de la sonda que tenía en el estómago; leerle la Biblia; cepillarle los dientes; hacerle la pedicura; afeitarle; y rezar por él. Cuidarle era una labor de amor. La infección aún no había desaparecido y había que enviar medicamentos desde Austria para ayudarle.

El accidente de Igor fue el 3 de septiembre de 1998, y el 19 de noviembre de 1998, diez días después de mi 50 cumpleaños, descubrí por qué necesitaba un seguro médico. Los obreros estaban construyendo afanosamente el apartamento en nuestro granero para que yo pudiera traer a Igor a casa desde el hospital. Michael y yo subimos al desván del granero para ver cómo iban las cosas. Estaban intentando cerrar una puerta de arriba para que no entrara todo el aire frío del invierno en nuestro apartamento. Teníamos algo de material aislante almacenado en otro edificio de la propiedad, donde pensábamos construir una casa. En consecuencia, llevé allí a dos de los obreros para enseñarles dónde estaba, de modo que pudieran utilizarlo para nuestro apartamento. Michael quería quedarse con los obreros en el granero. Como cualquier niño pequeño, le interesaba lo que estaban haciendo, con todas las herramientas ruidosas y los interesantes sucesos con un martillo neumático. Dios le estaba protegiendo de ver algo que podría haberle dejado traumatizado durante mucho tiempo.

Dos trabajadores y yo subimos por una escalera a través de un agujero en el piso del segundo piso, donde estaba almacenado el material aislante. Antes de volver a bajar por la escalera, le pedí a uno de los trabajadores que me ayudara a poner una plancha de madera terciada contra la pared para tapar una gran abertura por donde el viento sacaba constantemente el material aislante. El otro trabajador se acercó para coger la hoja de madera terciada, pensando que me estaba ayudando. Cuando se la entregué, me distraje y di un paso atrás y me caí al vacío. Caí por un agujero en el suelo al subestimar su ubicación. Caí hacia atrás 4 ½ metros (14 ½ pies) sobre un suelo de cemento. No recuerdo haberme golpeado contra el suelo, debido a una grave lesión en la cabeza. Me quedé inconsciente, lo cual fue una bendición, porque no habría podido soportar el dolor. Unos meses después, mientras me recuperaba, pregunté al Señor: "¿Dónde estabas, creía que me protegías?". Me dijo: "Estaba a tu lado, hoy estás viva porque yo estaba contigo". Más tarde el Señor me dio una visión de mí misma tendida en el suelo y unos ángeles sostenían mi espíritu en el aire mirando hacia mi cuerpo, para alejarme del dolor. No sentí dolor hasta que vino a recogerme la ambulancia. Me llevaron a un hospital cercano y me pusieron en una habitación llena de gente, y sólo recuerdo que me costaba mucho respirar. Más tarde me enteré de que tenía múltiples costillas rotas y el pulmón perforado y lleno de sangre, lo que explicaría la respiración dificultosa. Tenía múltiples huesos rotos: dos vértebras aplastadas, tres fracturas en la clavícula, un tobillo roto, un dedo, el esternón, nueve fracturas en las costillas, y mi cabeza necesitó muchos puntos de sutura. Me hicieron un injerto óseo, me pusieron placas metálicas y tornillos en la espalda, un clavo en el hombro y me enyesaron el tobillo. Cuando me desperté, me encontraba en la UCI del mismo hospital en el que había estado Igor para su operación.

¿Cómo era posible que ocurriera esto después de sólo dos meses y medio desde el accidente de Igor? Era claramente un intento del enemigo de deshacerse de los dos, pero Dios tiene el control y siempre nos protegerá de los planes del diablo. Los días que siguieron a mi accidente son un borrón en muchos sentidos, con sólo retazos de recuerdo de mi estancia en la UCI durante diez días. Recuerda que el Espíritu Santo me dijo que comprara un seguro médico; el accidente ocurrió diez días después de que lo comprara, y me dieron el alta en el hospital exactamente cuando terminó. Me pidieron que abandonara el hospital tras diez días en la UCI, porque los hospitales de Eslovaquia quebraron a causa de todos los problemas financieros del país tras el comunismo. No recibí ninguna terapia, excepto una lección sobre cómo subirme a la silla de ruedas para ir al baño y cómo ponerme de pie con las muletas y colocarme el corsé ortopédico que tuve que llevar durante meses. Mi curación se basó totalmente en la oración alrededor del mundo y en las respuestas de Dios. El Espíritu Santo me daba instrucciones a diario para que me rehabilitara en casa. Cada día decidía hacer algo que no podía hacer, como levantarme, dar un paso, alimentarme, ir al baño; poco a poco caminaba más y me sentaba para comer, iba al baño sola. Descubrí que había perdido el sentido del olfato a causa del traumatismo craneal cuando mi amiga se disculpó por los olores de la cocina que entraban en mi habitación. Le dije que no olía nada. Entonces fue al baño y cogió un frasco de perfume muy fuerte y me lo acercó a la nariz y no olí nada. Dios convierte las cosas malas en buenas para Su propósito. Gracias a ello, he tenido la bendición de poder ir a ministrar a la calle y a lugares muy sucios, como la India, sin que me molestaran los olores. Decidí encontrar lo bueno de la situación en lugar de centrarme en el daño que se había hecho.

En todas nuestras pruebas seguíamos creyendo en la palabra de Dios, rezábamos a diario y leíamos y escuchábamos Su Palabra. Nos sanaba por dentro y por fuera.

Después de un mes en casa de mi amiga, nuestro apartamento en Tri Duby estaba terminado y era hora de sacar a Igor del hospital y volver a casa. Vinieron siete personas en dos coches a buscarnos. Recuerdo que fui a su habitación en silla de ruedas, después de más de un mes sin verle, para que se fuera a casa. Fue justo antes de Navidad, así que fue una Navidad muy emocionante, aunque los dos estábamos bastante imposibilitados.

Volvimos a casa, a nuestro pequeño apartamento, con nuestras camas en el salón-comedor, donde estaba la estufa de leña para mantenernos calentitos. Mi hermana y mi marido vinieron a quedarse con nosotros un tiempo para asegurarse de que estábamos bien atendidos. Sin duda fue una verdadera bendición y una aventura, sobre todo cuando con el frío del hielo y la nieve los ratones decidieron entrar y hacer su hogar en el calor con nosotros. Saltaban sobre nuestra cama, en el saco de dormir de mi hermana; era algo gracioso pero inquietante no saber si un bichito saltarín estaría saltando sobre tu cabeza por la noche. Entonces se congelaron las tuberías de agua, y no tuvimos agua y, por supuesto, las fiestas hicieron imposible que las arreglaran.

Hubo muchas otras aventuras interesantes durante nuestro proceso de curación, que duró un año, como el hombre rumano que vino a cuidarnos al principio. Le encargaron que cocinara para nosotros, limpiara la casa, lavara la ropa, hiciera las compras y limpiara a Igor, que aún no podía hacer mucho por sí mismo. A nuestra cuidadora rumana no le parecía raro pasarse la noche cantando, con la radio a todo volumen y cocinando en la cocina, lo que nos mantenía despiertos toda la noche. Un día fui al médico, y nuestro ayudante recibió instrucciones de bañar a Igor y vestirlo. En lugar de eso, cuando llegué a casa, estaba fuera lavando el coche en la nieve sin camisa cantando una ópera, mientras Igor estaba en casa intentando arreglar él mismo el fuego de la estufa de leña y había quemado agujeros en la alfombra nueva con carbones calientes y seguía con la ropa sucia. No hace falta decir que le pedimos que se marchara al poco tiempo.

Dios lo sustituyó por una pareja joven que se ocupó excepcionalmente de todas nuestras necesidades, durante más de un año. Nos hacían las compras, nos llevaban a las citas con el médico, nos traían agua cuando se helaban las tuberías, nos ayudaban a mantener la pila de leña abastecida, nos lavaban la ropa, lo que fuera, lo hacían. Realmente llegamos a ser como parte de su familia. Una pareja asombrosa que también se hizo cargo de ocho niños huérfanos y dos propios, de los cuales uno era minusválido. Siempre estaré muy agradecida por toda su ayuda y por los hermanos y hermanas de nuestra iglesia en Eslovaquia, familiares y amigos de Eslovaquia y Estados Unidos que hicieron donaciones económicas y rezaron por nuestra curación. Definitivamente, estábamos en manos de Dios Todopoderoso.

Tuvimos muchas más pruebas en nuestro proceso de curación, algunas incluso peores que los accidentes, pero intento centrarme en los pequeños episodios divertidos, como cuando durante la noche Igor se cayó en la pila de leña intentando ir al baño en la oscuridad. Desde luego, no pude ayudarle a levantarse. Sólo intenté indicarle verbalmente cómo levantarse y, de algún modo, por la gracia de Dios, lo consiguió en la silla de ruedas. Debió de ser muy entretenido para nuestros ángeles de la guarda, vernos pasar por todas estas cosas como seres humanos incapaces. Igor se llevó por delante la esquina de las puertas con su silla de ruedas, lo que dejó yeso en el suelo y una pared bastante fea. Lo curioso es que él nunca se dio cuenta. Recuerda que se estaba recuperando de un coma. Había que ponerle la comida en una batidora, tenía que aprender a tragar de nuevo, a caminar, a vestirse, a bañarse, como un niño que aprende todo de nuevo. Su cuerpo estaba tan demacrado; parecía recién salido de un campo de concentración. Yo, en cambio, parecía una mujer biónica recién salida de una zona de guerra, con metal alrededor del cuerpo, dentro del cuerpo, con muletas, con yeso y moretones. Era virtualmente un desastre.

Hablando de virtual, no existía tal cosa; nos comunicábamos por correo electrónico escribiendo una carta en un disco con un procesador de textos, luego se la dábamos a un joven de la iglesia y él la enviaba a quien queríamos contactar y recibíamos nuestra respuesta de vuelta también en un disco. No teníamos televisión ni teléfono (hasta un poco más tarde), sólo un reproductor de casetes y un montón de casetes con enseñanzas bíblicas, así que pasábamos el día rezando, escuchando las enseñanzas bíblicas y leyendo la Biblia durante más de un año mientras nos curábamos poco a poco. Podría decirse que estábamos en un monasterio o en un Instituto Bíblico. Todo era preparación para lo que Dios nos había llamado a hacer. Cada dolor, cada lucha resultaría ser una parte muy importante de nuestra formación para el futuro ministerio.

El Señor estuvo con nosotros durante todo aquello y me dio muchas señales. Él proveyó para nosotros durante tan terribles pruebas y cada día enviaba un ángel para que velara por mí. Mientras estaba en la UCI, vi a un ángel flotando junto al techo de mi habitación. Era como una luz plateada que fluía en forma de ángel, con el pelo largo, rizado y suelto, que velaba por mí. En un momento dado le pedí a una de las enfermeras que me diera un lápiz y un papel para poder hacerle un dibujo, pero mi mano no podía dibujar bien en aquel momento.

Durante este tiempo, Igor seguía en el hospital de infecciones al otro lado de la ciudad y no tenía ni idea de lo que me había pasado. Sólo que su madre le dijo que me había roto el brazo. Un día, mientras miraba al ángel, apareció junto a él la cara de un hombre y dijo: "Estoy contigo y estoy con Igor". Luego desapareció tan rápido como vino. Estoy segura de que era Jesús, porque Él promete en Su Palabra que nunca nos deja ni nos abandona. Estoy segura de que Él estuvo con nosotros dos durante toda esta prueba tan difícil. Algunas personas dirán que sólo estaba medicada, pero la verdad es que les pedí que dejaran todos los calmantes porque no los tolero, así que me dieron Tylenol y ni siquiera me lo tomé. Ellos no lo sabían, pero yo lo escondía bajo las sábanas.

Igor y yo somos milagros andantes, testimonio del milagroso poder curativo de Dios y de la respuesta a muchas oraciones que se han hecho por nosotros. Estoy muy agradecida a toda mi familia y amigos que rezaron por nosotros, que vinieron a quedarse con nosotros y que hicieron donaciones económicas para ayudarnos durante esta horrible prueba.

Aprendí una lección muy importante en todo esto: confía siempre en el Señor, pide a los demás que recen por ti y mantente bajo la cobertura espiritual de una iglesia y de líderes fuertes que estén a tu lado, especialmente cuando te encuentres en tierras extrañas en las que estés recuperando territorio para el Señor. Mantente alerta a los planes del Enemigo, y nunca le des un punto de apoyo o una puerta abierta a través del pecado. Sé sabio como una serpiente y manso como una paloma, reza sin cesar, especialmente en el Espíritu. Dios es soberano y nos ama como nadie. Nunca nos abandonará ni nos dejará. Su palabra es verdad y anulará toda mentira del enemigo en nuestra mente.

Me curó, me liberó, me llamó, me envió y me santificó para Su gloria.

-27-

DIOS TERMINA LO QUE HA EMPEZADO

Tras regresar a América en el año 2000, aterricé en Houston, Texas. Vine con sólo cien dólares, una mochila con tres mudas de ropa y la esperanza de volver con mi hijo que regresó a América con mi hija durante mi hospitalización. No salió como yo había planeado, pero Dios tenía un plan mejor. Me vi obligada a permanecer un tiempo en un refugio que se hacía llamar cristiano, pero que distaba mucho de serlo. Estando allí, empecé un grupo de oración los fines de semana, cuando la dirección cambió a una mujer orante. Llevé a mis tres compañeras de piso al Señor, me maltrataron y atormentaron mientras estuve allí, pero Dios me dio un trabajo en una empresa de música cristiana y me sacó de allí al cabo de un mes. Me mudé cerca de mi trabajo con la amabilidad de mi jefa y su marido hasta que Igor vino a América para estar conmigo. Poco después de que llegara, la casa de enfrente de donde yo trabajaba se puso en alquiler. La conseguimos, milagrosamente, y no teníamos coche, así que era muy conveniente. Mi jefa me llevó a su iglesia, que todavía hoy es mi iglesia. La Asamblea de Dios de Lindale ha sido mi hogar, mi familia lejos de casa y mi lugar de refugio, fuerza, ayuda, esperanza y amor durante veintitrés años. Estoy eternamente agradecida a mis pastores Randy y Jana Meeks, Lyle y Lisa Countryman, y a tantos hermanos y hermanas que nos han ayudado a lo largo del camino y han orado por nosotros durante muchas pruebas más.

Al principio no teníamos muebles, así que la gente de la iglesia nos dio una silla, una cama y algunos platos. Igor nos hizo una mesa con madera que encontró en la calle; llegaron las sillas y poco a poco hicimos de nuestra casa un hogar. Somos muy afortunados. Tanto si tenemos poco como mucho, ¡estamos bendecidos!

Una noche, cuando me acosté a dormir, cerré los ojos y tuve una visión. Vi una gran tienda que parecía moverse de un sitio a otro. Entonces oí las palabras: "Quiero que inicies un ministerio llamado Copa de Agua Fresca". Estaba asombrada por lo que acababa de ver y oír, así que salté inmediatamente de la cama y le conté a Igor lo que acababa de ocurrir. Los dos rezamos y pedimos a Dios que nos revelara qué significaba aquello. Yo pensaba que significaba hacer evangelizaciones con una tienda. Ya estábamos evangelizando con un hermano de la iglesia, así que compartí mi deseo con él y trató de ayudarme a ponerlo en marcha, pero él no sentía ningún fuego ni pasión, así que finalmente abandoné la idea.

Mientras tanto, di los pasos necesarios para constituir el ministerio legalmente como sociedad anónima ante el estado. El mismo día que envié por fax los papeles al estado para A Cup of Cold Water Ministries, Inc. mi jefe me llamó a su despacho y me despidió. Me sentí feliz y triste a la vez, porque ahora no teníamos ingresos, pero sentí que el Señor me confirmaba que debía dedicarme al ministerio a tiempo completo. Él ya me había dado una beca completa para ir a la universidad bíblica a obtener mi licenciatura en ministerio eclesiástico, así que aquí tenía otro paso de fe que dar.

¿Recuerdas nuestra herencia, por la que casi perdimos la vida? Formaba parte del plan para que comenzara este ministerio. No teníamos ingresos, pero sí una propiedad en Eslovaquia. Dios empezó a moverse en los corazones de la gente para comprar propiedades. Nuestro agente inmobiliario empezó a enviarnos correos electrónicos sobre un posible comprador y empezamos a negociar la venta de parte del terreno de Tri Duby. Tras muchos correos electrónicos de un lado para otro, negociamos el precio, que llegó justo a tiempo para cubrir todas nuestras necesidades y los planes que Dios tenía para nuestras vidas en el ministerio. Habíamos rezado para que Dios utilizara el terreno para el ministerio en Eslovaquia, pero Dios tenía un camino diferente. Lo utilizaría para el ministerio en múltiples naciones. Eslovaquia sigue estando en mi corazón para ir y compartir el evangelio.

Antes de estas negociaciones, mientras yo seguía trabajando, en la casa que alquilábamos entonces nos pedían que nos fuéramos porque el casero iba a volver a instalarse. Empezamos a mirar lugares donde vivir, pero no vimos nada que nos gustara o que pudiéramos permitirnos. En realidad, no podíamos permitirnos nada ni reunir los requisitos para nada, pero Dios nos abrió un camino de forma sobrenatural. Encontramos una casa perfecta en todos los sentidos para nosotros, justo enfrente de nuestra iglesia, cerca de mi trabajo, pero no teníamos pago inicial ni forma de retener la casa haciendo un contrato sobre ella. Al mismo tiempo, recibí por correo una solicitud de tarjeta de crédito con cheques en blanco. Rezamos y Dios nos confirmó a través de Su palabra que fuéramos a la tierra prometida y compráramos la casa, estrictamente por fe. Fuimos a la inmobiliaria y les dimos un cheque de 500 dólares de la tarjeta de crédito, y nos dijeron que tenían otro comprador, pero que presentarían nuestra oferta y verían qué pasaba. Unos días después recibimos la llamada, ¡era nuestra! Estábamos emocionados pero preocupados, porque no teníamos nada en la cuenta, salvo unos pocos dólares. Igor llamó a su madre y le habló de la casa y de la cantidad de dinero que necesitábamos para los gastos de cierre, que necesitaríamos en unas semanas, y ella respondió: "Eso está muy bien, pero ¿de dónde lo vas a sacar?". Le preguntó si podía ayudarnos, pero no obtuvo respuesta. Para nuestra sorpresa, ya que faltaban pocos días para el cierre, vimos que nuestra cuenta bancaria contenía la cantidad exacta que necesitábamos para ir al cierre. Al fin y al cabo, ella nos había dado el dinero. Ah, el otro milagro fue que cumplimos los requisitos para el préstamo por teléfono y no enseñamos ningún papel a nadie, gracias a los planes de catástrofe hipotecaria que se estaban llevando a cabo en aquel momento. Dios lo utiliza todo a nuestro favor. Entramos en el cierre para conseguir nuestra nueva casa llevando solo nuestro cheque, y salimos con un cheque de 1.900 dólares, porque nos bajaron el tipo de interés y no tuvimos que pagar lo que se suponía que teníamos que pagar. Nos vino muy bien, porque necesitábamos comprar camas y otros muebles. Dios es tan bueno.

Eso fue sólo el principio de las bendiciones. Volviendo a la venta de nuestro terreno, sí que se llevó a cabo y nos permitió saldar la hipoteca de nuestra casa después de tres meses de pagos, y pudimos comprar un coche de un año con sólo 4.000 millas. Después de conducirlo durante quince años y 326.000 millas, finalmente compramos un nuevo coche usado con dinero en efectivo. No pienses nunca que Dios no puede suplir todas tus necesidades.

En 2005, recibí una llamada telefónica de mi querido amigo y colega ministro Pablo Cerna, pidiéndome que fuera a Honduras a predicar en una cruzada. Yo dije: "Qué, no sé hablar español y no tengo ni idea de cómo predicar en una cruzada". Después de semanas de orar y esperar oír de Dios sobre ir, oí: "Ve". Lo que ocurrió después fue un milagro tras otro. Construimos nuestra primera iglesia allí después de predicar bajo un árbol de mango a cuarenta personas, que acudieron a mi marido y le preguntaron si les construiríamos una iglesia. Celebramos la ceremonia de colocación de la primera piedra un año después. Hasta la fecha, hemos construido cuatro iglesias de Copa de Agua Fresca y hemos ayudado a construir otras once iglesias en Honduras, y tenemos planes para más. También hemos construido una escuela para educación y formación laboral, una clínica gratuita, establecido un programa de alimentación infantil para 160 niños, y construido 29 casas para los sin techo y reconstruido muchas otras.

Recientemente, en 2020, experimentamos dos huracanes de categoría 4 con dos semanas de diferencia y nuestro ministerio sufrió muchas pérdidas. Mi hijo y su esposa perdieron su casa junto con miles de personas. Tres de nuestras iglesias sufrieron pérdidas y todos los habitantes de la zona perdieron sus casas. Tardamos varios años en recuperarnos, pero la gente es resistente, trabajadora y ha vuelto a reconstruir. Estuve allí durante las inundaciones y experimenté muchos traumas junto con casi todos los que estaban allí. Dios nos salvó milagrosamente a nosotros y a todos nuestros seres queridos allí y es fiel para restaurar lo que se perdió.

Dios nos llevó de Honduras a El Salvador, y allí hemos construido una iglesia y alimentamos a niños y ancianos cada mes con la ayuda de una fuerte mujer de Dios, la pastora Marta. En 2020 comenzamos nuestra segunda iglesia en San Salvador, que crece semanalmente. Nuestra visión es construir pronto un lugar para que se reúnan. También hemos apoyado un centro de rehabilitación para hombres en San Salvador donde se libera a los hombres de las adicciones. Los hombres llegan allí desde la cárcel y las calles y se les da la oportunidad de recibir a Jesús y ser transformados por Su amor y gracia. También hemos ayudado a construir y terminar cuatro iglesias y hemos comprado terrenos para construir otras dos en México, una escuela y una iglesia en Zambia, y cada mes damos de comer a seis pastores en Cuba. No tienen dinero ni para alimentar a sus familias. Están tan agradecidos que es una gran alegría ayudarles. Además, hemos comprado una propiedad allí para fundar una iglesia que atenderá principalmente a los niños con la ayuda de un pastor que hemos enviado para llevar el Evangelio a la gente. Después de volver a casa, recibió una llamada telefónica durante la noche con este asombroso testimonio. Dios salvó a una mujer y a sus hijos que estaban pescando en el océano para ganarse la vida cuando, de repente, la cámara de aire en la que flotaban empezó a desinflarse. Como no sabían nadar, la madre y sus dos hijos pequeños empezaron a rezar y a pedir a Dios que los salvara. Al abrir los ojos, se encontraron en la orilla completamente a salvo. Dios sigue obrando milagros. En consecuencia, ha iniciado un renacimiento allí.

Debido al peligro que corren las personas con las que nos relacionamos en ciertas zonas del mundo, no diré los lugares, sólo diré que Dios puede abrir puertas que ningún hombre puede cerrar y nos llevó al sur de Asia a dos naciones diferentes para construir iglesias y alimentar a huérfanos. Nuestro ministerio se ha establecido en una nación y tenemos una iglesia, un orfanato con veintiocho huérfanos y pastores y líderes maravillosos que ayudan a formar a cuarenta pastores en zonas montañosas remotas. También ayudamos a alimentar a estos pastores. También tienen un ministerio de costura en el que mujeres de otra fe aprenden un oficio y también reciben a Jesucristo como su Salvador. Transformación es la palabra que siempre me viene a la mente cuando pienso en lo que hace Jesús. Ha sido la vida más emocionante y satisfactoria, y como has visto, no sin pruebas.

Hasta la fecha hemos sido misioneros en América, Eslovaquia, Honduras, El Salvador, Asia del Sur, Corea del Sur y Filipinas y todavía rezo: "Aquí estoy Señor, envíame". Y Él me sigue hablando de ir a más naciones. Donde más podemos ir Señor; envíanos.

Mi ministerio no comenzó hasta los cuarenta y seis años; ahora tengo setenta y cinco, y Dios sigue enviándome. No renuncies a tu vocación; vale tanto la pena, incluso con todas las pruebas y tribulaciones, dolores y penas, buenos y malos momentos. Él es fiel para cumplir lo que ha prometido. Si tienes una promesa de Dios y aún no la has visto cumplida, aférrate a ella, reza y cree en la visión, persigue tu destino, y Dios te dará poder con Su Espíritu para cumplirlo.

Hemos visto la mano de Dios en nuestras vidas como nunca hubiéramos podido imaginar. El Señor es clemente y misericordioso con Sus hijos; Sus hijos no tienen que mendigar pan, Él suplirá todo lo que necesiten según Sus riquezas en gloria por Cristo Jesús (Fil. 4:19).

Los Ministerios Copa de Agua Fresca comenzaron en 2004, tras pasar por las peores pruebas de nuestras vidas. El proceso de dar a luz puede ser doloroso y difícil, pero cuando nace la visión, es glorioso ver todo lo que Dios ha hecho. Dios es tan bueno y deseamos compartir Su bondad, misericordia y amor dondequiera que podamos para cumplir la gran comisión.

"Por tanto, vayan y hagan discípulos en todas las naciones, y bautícenlos en el nombre del Padre, y del Hijo, y del Espíritu Santo." (Mateo 28:19 RVC).

Si sientes que nunca alcanzarás tu visión o el llamado en tu vida, no desprecies los pequeños comienzos, no tienes idea a lo que Dios puede llevarte que puede ser más grande de lo que puedes imaginar. Como puedes ver en nuestra historia, no fue fácil, pero Dios estuvo con nosotros en todo momento.

No somos especiales; sólo personas corrientes. Sin estar calificados, sin ser jóvenes, sin tener muchas credenciales, pero con mucho Jesús y todo es posible con Él.

Si no has aceptado a Jesucristo como tu Salvador, ahora es tu oportunidad.

Oremos:

Padre, vengo a ti con dolor en mi corazón porque soy un pecador. Gracias porque enviaste a tu Hijo Jesús a morir por todos mis pecados. Perdóname Señor y límpiame de todo mi pasado y dame una vida nueva en Ti Jesús. Creo que moriste por mis pecados y ahora estás sentado a la derecha del Padre e intercedes por mí. Hoy me entrego totalmente a Ti, Jesús, y confío en que Tú me guiarás y me darás poder con el Espíritu Santo para servirte y vivir para Ti todos los días de mi vida. Tómame Señor, moldéame y hazme cada día más semejante a Ti. Te lo ruego en el nombre de Jesús. Amen.

Si has creído sinceramente y has decidido seguir a Jesús en tu vida, entonces tu vida ya no es tuya. Le pertenece a Él. Entrégate por completo a Él, cada día, lee la Biblia, reza, adora y búscale con todo tu corazón, alma y mente. Él tiene grandes cosas planeadas para tu vida, y te espera con los brazos abiertos para caminar contigo a través de esta vida. Nos encantaría saber de ti y orar por ti; ponte en contacto con nosotros en Facebook en A Cup of Cold Water Ministries, Inc. @acupofcoldwater o háznoslo saber en nuestro sitio web: www.acupofcoldwatermissions.org.

acerca de la autora

Li Linda Demjen es una misionera con un ardiente deseo de compartir su historia y las verdades de su vida con los demás. Su apasionante viaje comenzó en 1991 y continúa hoy. Tras una visión en 2005, ella y su marido fundaron A Cup of Cold Water Ministries, Inc. (Ministerios Copa de Agua Fresca) Su compromiso con la llamada de Dios le ha permitido tener el privilegio de servir en muchas naciones y hacer prosperar el reino de Dios dondequiera que Dios la envíe.

Linda se licenció en Ministerio Eclesiástico y obtuvo la licencia ministerial en el Instituto Teológico de la Fundación Sure en 2007. Ha servido en su iglesia local durante 23 años en muchas áreas como maestra de Biblia, líder de oración, diácono, patrocinadora del ministerio de adolescentes, líder de grupos pequeños y coordinadora de misiones.

Su pasión desde que se hizo cristiana ha sido llegar a los perdidos y servir a los pobres y desfavorecidos. Ha servido como misionera y ministra en América del Norte y Central, Europa Oriental, México y Asia Meridional. Su ministerio ha llegado a miles de personas para Cristo y ha proporcionado educación, edificios para iglesias y escuelas, programas de alimentación, atención médica y viviendas para los pobres.

Cuando Linda no está en un viaje misionero, pasa tiempo con su familia y su perra, Lucy. Probablemente sea ella si ves a una abuela de pelo blanco que se esfuerza por bajar por un tobogán en el parque de Houston con la ayuda de su nieto de tres años. Sus nietos ocupan un lugar importante en su corazón. Dice que le ayudan a mantenerse joven. Su familia completa su vida.

www.ingramcontent.com/pod-product-compliance
Lightning Source LLC
Chambersburg PA
CBHW020238130626

46549CB00005B/1952